Josef Immler

Geh´ mit mir durch die Allgäuer Alpen

Die schönsten Bergwanderungen

100 km Höhenwege

Allgäuer Klettersteige

Alle Rechte vorbehalten
9. Auflage 45 000 - 49 000
ISBN 3-930323-23-0
© 2000 Franz Brack Verlag
Zugspitzstraße 2a
87452 Altusried
Telefon 0 83 73 / 92 05-20

Inhaltsverzeichnis

Westallgäu

Eistobel bei Grünenbach 14
Hirschberg im Westallgäu 16
Von Scheidegg zum Pfänder 18
Der Schwarze Grat 22

Oberstaufen - Steibis

Salmaser Höhe 23
Staufner Haus 26
Vom Hochgrat zum Hädrich 27
Überschreitung der Nagelfluhkette 30

Immenstadt

Kemptner Naturfreundehaus 33
Mittag, Steineberg, Stuiben 34
Immenstädter Horn 36
Hauchenberg, Stoffelberg 37

Burgberg, Rettenberg, Wertach

Grünten 38
Falkenstein 39
Auf dem Königsträßlein um den Grünten 40
Wertacher Horn 42
Sorgschrofen 44

Hörnergruppe, Fischen, Bolsterlang, Gunzesried

Hörner-Haus 45
Überschreitung der Hörner 46
Panoramaweg zum Riedberger Horn 48
Sipplinger Kopf 49
Höllritzer Eck, Blaicherhorn 50
Besler 52
Über die Sonnenköpfe 54

Hindelang

Willersalpe 56
Hinterstein, Bschießer, Ponten, Willersalpe 57

Prinz-Luitpold-Haus. 58
Hochvogel 60
Schwarzenberghütte 62
Iseler. 64
Hirschberg 66
Spieser. 67
Imberger Horn 70
Rotspitze 71
Geißhorn, Rauhhorn 74

Oberstdorf

Daumen 78
Entschenkopf. 81
Rubihorn 82
Nebelhorn, Wengenalpe, Giebelhaus 84
Höfats (schwere Bergtour, nur für Geübte). 86
Umwanderung der Höfats. 88
Hahnenkopf 89
Rappenseehütte 90
Biberkopf. 92
Waltenberger Haus 94
Kemptner Hütte. 95
Großer Krottenkopf 96
Edmund-Probst-Haus. 98
Nebelhorn, Laufbacher Eck, Oytal 102
Fellhorn, Söllereck, Freibergsee 103

Allgäuer Höhenwege

Vom Kleinen Walsertal nach Hindelang 106
Heilbronner Weg 113

Kleines Walsertal

Großer Widderstein. 128
Hahnenköpfle, Gottesacker 130
Hoher Ifen 132
Schwarzwasserhütte 133
Fiderepaßhütte 134
Mindelheimer Hütte. 135

Ostallgäu

Edelsberg 136
Pfrontner Hütte 137
Aggenstein 138
Vom Aggenstein nach Musau 139
Otto-Mayr-Hütte 140
Alpenrosenweg von Füssen nach Hohenschwangau . . . 141
Vom Tegelberg nach Neuschwanstein 142
Tegelberg, Bleckenau 143
Hochplatte 144
Säuling 146

Tannheimer Tal

Reuttener Bergbahn, Tannheimer Hütte 151
Rote Flüh 154
Gimpel 158
Kellespitze 159
Gehrenspitze 161
Einstein 162
Saalfelder Weg 163
Landsberger Hütte 164
Lachenspitze 165
Leilachspitze 166

Hornbachkette

Hermann-von-Barth-Hütte 167
Kemptener Hütte, Barth-Hütte 168
Düsseldorfer Weg 169
Enzensberger Weg 170
Kaufbeurer Haus 172
Urbeleskarspitze 173
Bretterspitze 174

Allgäuer Klettersteige

Friedberger Klettersteig 176
Hohe Gänge 178
Hindelanger Klettersteig 180
Mindelheimer Klettersteig 182

Niemals ohne genaue Angaben bei den Hausleuten und Zimmervermietern allein auf eine Bergtour gehen. Wer auf einer Berghütte übernachten möchte, muß das dem Vermieter vorher sagen, eine telefonische Nachricht ist von den Hütten meist nicht möglich.

Bei Unklarheiten bitte anrufen:
Alpine Auskunftstelle Oberstdorf   0 83 22 / 7 00 2 39 (Automat)

Persönliche Beratung: Kurverwaltung Oberstdorf
Alpine Auskunft von 8 bis 12 Uhr   0 83 22 / 7 00 2 00

Fellhornbahn	0 83 22 / 96 00 00	0 83 22 / 30 35	(Automat)
Nebelhornbahn	0 83 22 / 96 00 00	0 83 22 / 96 00 96	(Automat)
Söllereckbahn	0 83 22 / 48 85	0 83 22 / 57 57	(Automat)

Auskünfte über freie Zimmer und Ferienwohnungen erhalten Sie bei allen Verkehrsämtern und Kurverwaltungen.

Liebe Bergfreunde

Josef Immler hat in seinem Wanderbuch versucht, die Touren möglichst genau und übersichtlich zu beschreiben. Dabei hat er meist nur die bezeichneten und bekannten Normalwege aufgeführt. Es soll ein Wanderführer sein, die verschiedenen Kletterrouten und alle Berge finden Sie genau beschrieben in dem bewährten und bekannten DAV-Führer Allgäuer Alpen, im Waltenberger Führer und in den neuen Führern für die Tannheimer Berge.

Beachten Sie bitte bei den beschriebenen Bergtouren die auf den vor- oder nachstehenden Seiten aufgeführten Touren zu den DAV-Hütten.

Natürlich ist Josef Immler auf allen Allgäuer Bergen gewesen, hat die Wege selbst abgegangen, die Manuskripte wurden von Experten gelesen und doch kann kaum ein Führer mit absoluter Sicherheit beschrieben werden. Immer wieder ändern sich Wegebezeichnungen und ganz besonders kann kurzfristig eine Änderung bei den bezeichneten Mautstraßen oder Busfahrplänen auftreten.

Beachten Sie bitte, die angezeigten Zeiten sind reine Wanderzeiten, also ohne jede Pause, ausgerichtet für einen normal gehenden Bergwanderer ohne große Hast.

Beachten Sie bitte die angegebenen Telefonnummern der Alpinen Auskunftsstellen. Sie können Ihnen die im Moment gerade wichtigen Details zu Ihrer Bergtour geben.

In Bergführerbüros, die Sie über die Kurverwaltungen erreichen können, erhalten Sie Prospekte mit Führungstouren der Bergführer. Für verhältnismäßig wenig Geld können Sie in netter Gesellschaft auch eine größere Bergtour mitmachen, von der Sie bestimmt sicher wieder nach Hause kommen.

Gefahren der Berge

Die Allgäuer Berge sind nicht nur liebliche Grashügel mit kleinen Wanderbergen. Zum Großteil gehen wir im Allgäuer Hauptkamm in der Höhe von über 2000 Meter. Mitunter brauchen wir einen ganzen langen Tag, um von einer Berghütte zur anderen zu gelangen. Mitten im Sommer sind Bergsteiger auf den Allgäuer Höhenwegen erfroren. Trotz schönem Sommerwetter muß die Ausrüstung immer so beschaffen sein, daß notfalls auch eine kalte Nacht am Berg gut überstanden werden kann. Selbstverständlich benötigen wir feste Schuhe. Für alle im Buch beschriebenen Bergwanderungen brauchen wir nicht unbedingt die teuersten und schwersten Schuhe wie auf den Gletschern der Schweizer Alpen. Zu schwere Schuhe werden uns bald ermüden. Achten Sie aber beim Kauf, daß die Schuhe nicht zu einfach sind. Wir brauchen den festen Halt und wir müssen, ohne gleich nasse Füße zu bekommen, auch einmal über ein großes Schneefeld gehen können. Für die Tour brauchen wir einige Wäsche zum Wechseln. Lieber zwei dünne Pullover als nur einen dicken. Der Anorak gehört zu jedem Bergwanderer. Niemals den Regenschutz vergessen. Es genügt ein dünner, leichter Mantel, der schon fast in die Hosentasche paßt. Der Unerfahrene hat überhaupt keine Ahnung, wie rasch aus einem herrlichen Sommertag im Gebirge ein Wettersturz auf uns einbrechen kann. Die Temperatur kann um viele Grade kälter werden. Durch die Anstrengung sind wir durchgeschwitzt. Eiskalt pfeift dann der Wind über den Grat und wehe dem, der dann nicht die richtige Ausrüstung dabei hat. Eine lange Liste der Ausrüstung könnte man nun aufführen. Doch die Gegenseite, wir müssen alles mitschleppen. Besonders zu bedauern sind immer die Mädchen, die oftmals mit übergroßen Rucksäcken die langen Täler entlang wandern, sich mühsam die beschwerlichen Hüttenanstiege hinaufschinden, oft total erledigt in der Hütte ankommen und dann am nächsten Tag erheblich geschwächt einen langen Höhenweg begehen. Oft mag das schon der Grundstein für ein späteres Unglück sein. Unkonzentriert werden rutschige Stellen überschritten, die Abzweigung des richtigen Weges wird übersehen, der Schwächere wird mutlos, längst hat er eingesehen, daß er sich zuviel zugemutet hat. Doch der Weg zurück ist zu lang, der Weg zur nächsten Hütte ist vielleicht noch weiter und so kommt mancher Tourist schnell auf die Wahnsinnsidee, ein Abstieg ins Tal wäre die einfachste Lösung. Doch gerade das ist in den Allgäuer Alpen die allerschlechteste Lösung. Kaum sonstwo in den Alpen sind die Abstürze derart steil. Viele hundert Meter hohe und oft steile Grashänge und Wände ziehen hinunter in wilde und ungangbare Tobel. Welch schreckliche Unfälle geschehen Jahr für Jahr in den berüchtigten Seewänden im Oytal, und das nur, weil Touristen den herrlichen Seealpsee vom Nebelhorn aus besuchen und dann die einhundert Meter zum sicheren Gleitweg nicht mehr hinaufsteigen möchten. Große unübersehbare Warntafeln mit der Bezeichnung »Lebensgefahr« werden mißachtet. Erst steigen sie über leichte Wiesenhänge, das Gelände wird steiler, doch jetzt sind sie schon so weit gegangen, da möchten sie nicht wieder zurück, zumal täuschend nahe das Oytalhaus unter ihnen steht. Doch das Gelände wird plötzlich derart steil, daß ein Weiterkommen überhaupt nicht mehr möglich ist. Wer das dennoch ohne Seilsicherung versucht, wird früher oder später abstürzen. Fast wahnsinnig dringen dann die Schreie der Hilflosen nach der Bergwacht ins Tal. Oft wird dann von den Männern ein schwerer und gerade auf den Allgäuer Grasbergen sehr gefährlicher Einsatz verlangt. Denken wir doch bei unseren Bergtouren auch einmal an die Familien der Bergwachtmänner. Wie groß ist die Sorge der Frauen und Kinder, wenn der Mann, der tagsüber schwer gearbeitet hat, nachts aus dem Bett geholt wird und stundenlang durch unwegsames Gelände steigen muß. Sie wissen alle, was ein Einsatz in den wilden Tobeln und Graswänden im Oytal oder im Traufbachtal bedeutet. Durch den Einsatz der Hubschrauber konnte zwar so manche Bergung schneller ausgeführt werden, doch die Gefahr bleibt. Waghalsige Piloten flogen schon durch Nebellöcher, ja sogar bei Nacht wurden Menschen in größter Not noch gerettet.

Liebe Bergfreunde, denkt daran, die in diesem Buch beschriebenen Touren wurden nach bestem Wissen und Gewissen zusammengestellt, doch ein Führer ist noch längst keine Lebensversicherung. Was nützt die beste Landkarte und der teure Kompaß, wenn sie nicht richtig gelesen werden können, wenn der Nebel uns einhüllt, wenn wir ratlos und verzweifelt nach einem verlorenen Weg suchen, wenn ein Gewitter mit unvorstellbarer Naturgewalt über uns hinwegzieht, wenn ein steiles Schneefeld nur mit ganzem Mut und Können überwunden werden kann.

Den größten Mut jedoch brauchen wir zur rechtzeitigen Umkehr. Es dürfte weitaus leichter sein, weiterzugehen, als sich einzugestehen, jetzt wird es mir zu schwer, jetzt habe ich einfach Angst. Der Alleingänger befindet sich immer in Gefahr. Schon ein gebrochener Fuß kann in einer kalten Nacht das Leben kosten. Man muß sich auch einfach mal eingestehen, das ist für mich zu schwer. Wer das nicht kann, für den ist Bergsteigen gefährlich. Sollten wir trotz aller Vorsicht doch einmal in Bergnot geraten, so geben wir deutlich das alpine Notsignal.

In einer Minute sechsmal in regelmäßigen Abständen ein sichtbares oder hörbares Zeichen geben. Nach einer Pause von einer Minute wird das Zeichen wiederholt, und so weiter bis Antwort erfolgt. Die Retter geben ein dreimaliges Zeichen oder Rufen in der Minute.

Genau so schön können die Allgäuer Berge auf leichteren Wegen sein. Bergsteigen soll Freude, Erholung und Entspannung vom Alltag sein. Wer noch unerfahren ist und doch in die schöne Welt des Hochgebirges möchte, der hat in der heutigen Zeit überall die Möglichkeit, das Bergsteigen zu erlernen. Nicht nur aus dem Buch, sondern bei Kursen, die vom Deutschen Alpenverein abgehalten werden. In jeder größeren Stadt ist eine Sektion, bei der man nachfragen kann. Zudem sind in den Allgäuer Kurorten Bergsteigerschulen, wo in netter Kameradschaft mit Gleichgesinnten das Bergsteigen von Grund auf erlernt werden kann. Über die Kurverwaltungen können Sie einen Bergführer bestellen, der Sie sicher auf alle Allgäuer Berge bringen kann.

Erhaltet und schützt
unsere schöne Allgäuer Bergheimat

Die Allgäuer Alpen gehören zu den lieblichsten und schönsten Bergen der ganzen Alpenwelt. Gerade diese herrliche Landschaft müssen wir um jeden Preis erhalten. Wer ohne jede Achtung vor der Natur und den Bewohnern der Berge abseits vom Weg durch die Wiesen trampelt, wer das Wild im Unterstand aufscheucht, wer lärmend und schreiend durch die stillen Täler hastet, wer achtlos seine leeren Dosen herumwirft, der ist bei Gott kein echter Bergsteiger, er mag lieber zu Hause bleiben.
Gehen wir mit Ehrfurcht durch die schöne Welt der Berge. Lassen wir die Blumen am Wegrand, der Nächste freut sich genauso daran.

Wir wünschen Ihnen viele glückliche Tage auf den Allgäuer Bergen und immer eine gesunde Rückkehr in Ihre Heimat!

Eistobel bei Grünenbach

Eine landschaftliche Kostbarkeit ist das überaus sehenswerte Naturschutzgebiet des Eistobels. Ein schöner Ausflug für Familien mit Kindern. Jedoch Vorsicht mit den Kleinen! Der Weg durch den Tobel ist zwar sehr gut gesichert, ein Sturz über die hohen Felswände in den reißenden Bach kann jedoch sehr gefährlich sein. Kinder nicht aus den Augen lassen. Die bis zu 60 Meter hohen Felswände verleiten schnell zu einer gewagten Klettertour.

Die Gumpen mit dem herrlichen klaren Gebirgswasser laden zum Baden ein. Sie sind jedoch äußerst gefährlich, denn wir ahnen nicht, daß die Löcher bis zu 9 m tief sind und das Wasser teilweise unterirdisch abgesogen wird.

Wanderung durch den Tobel ca. 1 Std. und dann weiter nach Grünenbach, oder zum Eingang nochmals 1½ Std.
Vom Tobelende zur Kugel, 1068 m, 1¼ Std. Weiter nach Riedholz und zur Argentobelbrücke 1½ Std.

Der Eistobel entstand vor rund 400 000 bis 500 000 Jahren durch die Schmelzwasser des Rheingletschers. Hohe Felswände aus Nagelfluhgestein, gewaltige Strudellöcher und eigenartige Felsbarrieren, durch die das Wasser sich drängt, beeindrucken uns.

Anfahrt:

Der Eistobel ist an der Straße von Oberstaufen nach Isny. Von Oberstaufen 12 km, von Isny 7 km, von Lindenberg 12 km. Von Oberstaufen kommend fahren wir durch Grünenbach und sind nach 1,5 km an der Argentobelbrücke, wo der Eingangskiosk steht. Wir steigen nun die Stufen zur Argen hinunter und schauen hinauf zur Brücke. Eine gewaltige Bogenbrücke, 204 m lang, überspannt in 54 m Höhe die Argen. Die frühere Eisenbrücke wurde abgebrochen.

Erst wandern wir durch verträumten Wald entlang dem plätschernden Wasser. Links und rechts begrünte und bewaldete

14

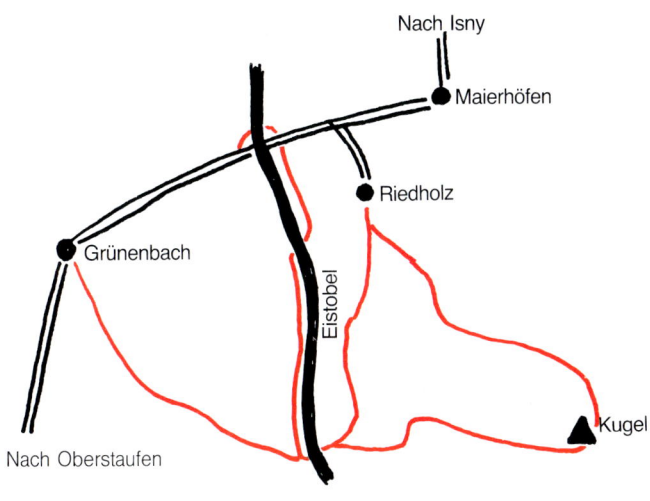

Hänge. Eine herrliche Wanderung an heißen Sommertagen unter schattenspendenden Tannen, entlang an klarem, erst leise dahinplätscherndem Bergwasser, das weiter unten zu einem wildtosenden reißenden Bach wird, der dröhnend und tobend über die Felsbänke stürzt. Dann blicken wir in tiefgrün schimmernde Kessel durch eine Wirrnis herabgebrochener Felsen. Weiter oben weitet sich die Schlucht mit einer gelben Sandsteinwand und einem kleinen Stausee. Wir können nun auf dem bezeichneten Weg nach Grünenbach hinüberwandern oder zurück zum Eingang. Lohnend wäre noch die Besteigung der Kugel mit dem weiten Blick über das schöne hügelige Westallgäu. Zurück können wir dann über Wiesenwege nach Riedholz. Der Name Eistobel kommt von den grandiosen und oftmals 10 m hohen Eiszapfen sowie den bizarrsten Eisbildungen im Winter. Eine Begehung im Winter ist nur sehr erfahrenen Leuten und niemals alleine anzuraten.

Hirschberg, 1097 m, im Westallgäu

Leichte Familienwanderung, auch mit Kindern.
Von Scheidegg nach Scheffau 1½ Std.
Von Scheffau zum Hirschberg 2 Std.
Schöner Aussichtsberg über dem Bregenzerwald.

Talorte:

Scheidegg, 804 m, an der Deutschen Alpenstraße zwischen
Lindenberg und Niederstaufen. Sehenswert sind die Scheideg-
ger Wasserfälle, nahe der Alpenstraße.
Scheffau, 672 m, nahe der Straße von Weiler nach Bregenz.

Aufstieg:

Von Scheidegg wandern wir das Sträßlein von Forst nach Unter-
stein, Haslach und hinunter nach Scheffau, 6 km. Von dort gehen
wir bei der Kirche bergauf, vorbei an einer Schreinerei und
biegen bei der großen Linde in den Moosweg ein, vorbei an
einem Bauernhof und nach 100 m links in einen Waldweg. Nach
einem steilen Hang überqueren wir auf einem Steg den Kessel-
bach und erreichen dann über der Grenze den Ort Hirschbergs-
au. Vorbei gehen wir am Gasthof und an einer Kiesgrube in
Richtung Warth. Den Bauernhof lassen wir links liegen und
wandern den markierten Weg weiter aufwärts. Wir gehen an
einer Waldlichtung entlang. Durch einen Fichtenwald erreichen
wir die ausgedehnten Weideflächen der Hirschbergalpe mit Einkehrmöglichkeit. Von hier sehen wir schon das Gipfelkreuz.
Der Rückweg führt über die gleiche Strecke.

Von den Verkehrsämtern Scheidegg, Möggers, Eichenberg und
Langen können wir den Wanderpaß erhalten. Wer mindestens
vier Wanderungen, die im Paß angegeben sind, dabei ist natür-
lich auch die Wanderung zum Hirschberg und der Gang zum
Pfänder enthalten, mitmacht, erhält für den Unkostenbeitrag von
DM 5,– die Internationale Wandernadel.

Scheidegg auf dem Höhenrücken des Pfänder

Höhenwanderung von Scheidegg, 804 m, zum Pfänder, 1064 m

Leichte Familienwanderung, auch mit Kindern.
Von Scheidegg zum Pfänder 13 km, 3½ Std.
Von Scheidegg bis Möggers, 950 m, 4 km, 1 Std.
Von Möggers bis Trögen, 1000 m, 4 km, 1 Std. (Jausestation).
Von Trögen bis zum Pfänder 5 km, 1½ Std.

Die Wanderung führt vom weithin bekannten und bedeutenden Kurort Scheidegg über den ganzen Höhenrücken des Pfänders. Über Wald- und Wiesenwege wandern wir in der gesunden Luft fast immer in 1000 m Höhe, nur mit leichten Auf- und Abstiegen. Dazwischen immer wieder großartige Blicke hinüber zu den Bergen des Bregenzerwaldes und dann der einmalige Blick vom Pfänder über den 75 km langen, 14 km breiten und 240 m tiefen Bodensee, 600 m unter uns. Sind die Kinder dabei, würde ich raten, nicht den gleichen langen Weg zurückzugehen, sondern mit der Seilbahn hinunter nach Bregenz zu fahren, mit dem Schiff nach Lindau und mit dem Bus zurück nach Scheidegg. Rückfahrmöglichkeit in der Kurverwaltung Scheidegg erfragen.

Ausgangsort:

Der schön gelegene Kurort Scheidegg befindet sich an der Deutschen Alpenstraße zwischen Lindenberg und Niederstaufen auf einem Höhenrücken im herrlichen hügeligen Westallgäu.

Wanderung:

Wir gehen durch die Zollstraße und auf ebenem Fußweg neben der Straße nach Weienried zur Grenze (Ausweis nicht vergessen). Dann nach 300 m links und beim Gasthof »Hirsch« nach rechts. Etwas steiler führt der Weg nun mit 120 m Höhenunterschied hinauf nach Möggers. Bis hier könnten wir auch mit dem Pkw fahren. Besonders günstig für Leute, die den Weg wieder zurückgehen wollen und nicht gleich 26 km, sondern nur 18 km an einem Tag wandern möchten. Lohnend ist der Abstecher zur Ulrichskapelle.

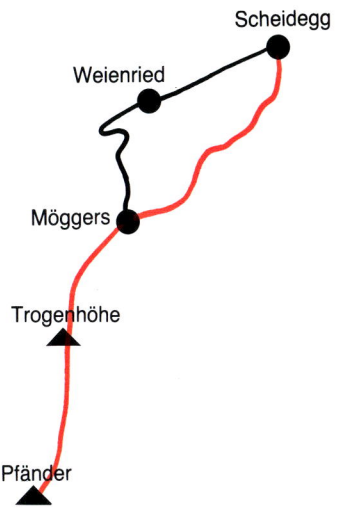

Eine weitere, sogar schönere Möglichkeit. Wir gehen von Scheidegg durch die Zollstraße bis zum Ortsende, dann in Richtung Oberschwenden, vorbei an der Sprungschanze, erst leicht ansteigend und dann kurz hinunter den Fußweg nach Möggers. Wir überschreiten dabei in der Touristenzone die Grenze ohne Kontrolle, müssen jedoch die Ausweise dabeihaben und dürfen nur bei Tageslicht gehen. Von Möggers gehen wir immer leicht ansteigend auf einem Waldweg zum schön gelegenen Weiler Trögen mit Gasthaus. In der Ferne sehen wir unser Ziel, den Fernsehturm des Pfänders. Teilweise durch Wald und dann wieder über freie Wiesen wandern wir in leichtem Auf und Ab zur Bergstation der Pfänderbahn. Auf dem Gipfel sind einige Gaststätten und ein schön angelegter Bergtiergarten. Einmalig sind die Sonnenuntergänge vom Pfänder. Rückfahrt vom Bahnhof in Bregenz oder Lindau mit Bus. Wer zurückgehen möchte, kann von Trögen über Bromatzreute, Geisgau, Ebenschwand nach Scheidegg gelangen.   Steibis mit Hochgrat ▶

Der Schwarze Grat, 1118 m

Leichte Familienwanderung, auch mit Kindern.
Rundwanderung von Großholzleute 4 Std.
Der Schwarze Grat ist ein waldreicher Höhenzug. Der Gipfel ist der höchste Berg Württembergs, mit einem Aussichtsturm.

Talort:

Großholzleute, 723 m, an der Bundesstraße von Kempten nach Isny, 10 km nach Wengen und 4 km vor Isny.

Aufstieg:

In Großholzleute ist ein weithin bekannter Gasthof, der historische »Adler«, in dem einst Maria Theresia und die Königin Marie Antoinette zu den Gästen zählten. Wir überschreiten die Bahnlinie und wandern auf dem gut bezeichneten Weg durch Wiesen und schattigen Mischwald, bis wir nach 1 Std. die frühere Schletter-Alpe erreichen. Nach ¾ Std. stehen wir auf dem Gipfel, wobei wir dann die 151 Stufen auf den 28 m hohen Aussichtsturm hinaufsteigen. Die Aussicht ist an klaren Tagen geradezu überwältigend. Wir sehen die Allgäuer Alpen, den Bodensee, die Schweizer Berge und viele Gipfel Österreichs.

Vom Schwarzen Grat können wir nun weiter zur in einer Waldlichtung gelegenen Wenger Alp, 1056 m. Ein bezeichneter Weg führt uns dort in ½ Std. hinunter. Die Alpe ist bewirtschaftet. Ein kurzes Wegstück gehen wir hernach wieder zurück und gelangen nun auf der Südseite des Berges in 1 Std. wieder auf den Weg nach Großholzleute. Dabei könnten wir auch hinuntergehen nach Bolsternang und mit dem Bus nach Großholzleute fahren. (Letzter Bus ca. 17.30 Uhr, aber erst nachfragen!)

◀ Sonnenuntergang vom Pfänder

Salmaser Höhe, 1254 m

Leichte Familienwanderung, auch mit kleineren Kindern.
Von Salmas zur Höhe nach Zaumberg und zum Alpsee 4½ Std.
Eine herrliche Wanderung vom Frühjahr bis spät in den Herbst
hinein durch Bergwiesen und Waldwege, 300 bis 500 m hoch
über dem Alpsee, ca. 8 km.

Talorte:

Bühl, 724 m, bei Immenstadt, Salmas, 750 m, bei Thalkirchdorf.

Aufstieg:

Egal von welcher Seite wir gehen. Ich möchte vorschlagen, daß
wir mit dem Bus von Immenstadt oder Bühl bis Thalkirchdorf-
Wiedemannsdorf fahren. Den Pkw könnten wir auf dem Parkplatz
in Bühl abstellen. Oder wenn möglich mit einem zweiten Auto
nach Salmas fahren. Vom Bahnhof gehen wir das kurze Stück
nach Salmas und gehen nun auf dem Alpweg zur Höhe hinauf,
1½ Std. Für eine Mautgebühr könnte auf der schmalen Teerstraße auch hinaufgefahren werden. Haben wir kleinere Kinder
dabei, fährt uns vielleicht ein Freund dort hinauf, Höhenunterschied immerhin 500 m. Nun haben wir die Höhe erreicht und
können uns auf eine herrliche Gratwanderung freuen. 3 Std.
können wir nun fast nur noch im leichten Abstieg zurücklegen.
Von der aussichtsreichen Salmaser Höhe wandern wir über den
Kamm des teilweise bewaldeten Bergrückens zur Thaler Höhe,
1166 m, mit einem Kreuz auf dem Weidehügel. In der Nähe ist
hier der Skilift. Der Fußpfad führt nun leicht bergab durch das
Hühnermoosholz. Herrlich ist der Blick auf den unter uns liegenden Alpsee mit den vielen Segelbooten. Beim Wegweiser zur
Pfarralpe sollten wir die 300 m abzweigen und dort in der
gastlichen Alphütte eine verdiente Rast einlegen. Gerne wird die
urige Hütte von den Kurgästen aus Missen besucht.

Niedersonthofener See ▶

Staufner Haus am Hochgrat, 1600 m

Von der Bergstation der Hochgratbahn mühelos in ¼ Std.
Von der Lanzenbachsäge auf leichtem Bergweg, auch für Familien mit Kindern möglich, 2 Std.
Die Bergsteigerhütte steht unterhalb dem flachen Sattel unter dem Hochgrat mit freiem Blick weit in das Allgäuer Voralpenland und über das hügelige grüne Westallgäu. Die Hütte gehört der DAV-Sektion Oberstaufen.

Talort:

Steibis, das wir von dem bekannten Schrothkurort Oberstaufen auf guter Straße erreichen können. Von der Bahnstation Oberstaufen Busverbindung. Wir fahren weiter bis zur Lanzenbachsäge bzw. der Talstation der Hochgratbahn, 826 m. Zu Fuß gehen wir von Steibis über eine halbe Stunde leicht bergab. Dann der Anstieg zur Unteren Lauchalm, oder auf dem Waldweg direkt zur Oberen Hornbachalp und zur Oberen Lauchalp, 1390 m, und auf dem Weg nun weiter zum Staufner Haus. Über eine halbe Stunde Gehzeit kann gespart werden, wenn wir über die Mautstraße bis zu den Alphütten fahren.

Übergänge:

Vom Hochgrat über die ganze Nagelfluhkette bis nach Immenstadt, nur für ausdauernde Bergwanderer. Siehe Beschreibung.

Ein landschaftlich überaus reizvoller Weg führt in 2 Std. in leichtem Auf und Ab zur gernbesuchten Falkenhütte unter dem Hochhädrich.

Über Alpwege könnten wir zur Alpe Scheidwang in das Gunzesrieder Tal gelangen. Von der Gunzesrieder Säge bis zur Alpe Scheidwang Mautstraße.

Vom Hochgrat, 1833 m, zum Hochhädrich, 1565 m

Leichte Familienwanderung, auch mit kleineren Kindern mit der nötigen Vorsicht.

Vom Hochgrat zur Falkenhütte 2½ Std.

Vom Hochgrat zum Hochhädrich 3 Std.

Von der Falkenhütte zur Lanzenbachsäge und Talstation 1½ Std.

Vom Hochhädrich nach Steibis 1½ Std.

Bei Benützung der Hochgratbahn eine schöne und wenig anstrengende Gratwanderung. Zwischen Falken und Hochhädrich einige Steilstellen, die drahtseilgesichert sind. Bei Nässe steigen wir mit unsicheren Begleitern gleich ab zur Falkenhütte.

Talort:

Das schmucke und bekannte Bergdorf Steibis, 861 m, erreichen wir mit Auto oder Bus von Oberstaufen, 4 km.

Aufstieg:

Zum Staufner Haus, 1600 m, 2 Std., und weiter zum Hochgrat ½ Std. Am einfachsten ist die Auffahrt mit der Hochgratbahn, dann noch ¼ Std. bis zum Gipfel. Von dort gehen wir wieder zurück bis zum Sattel oberhalb dem Staufner Haus.

Im Wechsel zwischen leichtem Auf- und Abstieg gehen wir über die Gipfel Seelekopf, 1663 m, unter uns ist die Seelealpe, dann über den Hohenfluhalpkopf, 1636 m, und den Einegundkopf, 1639 m. Links geht der Blick frei hinunter in den Bregenzerwald mit dem kleinen blauschimmernden Leckersee. Nach schweren Regenfällen ging 1817 eine gewaltige Mure ins Tal. Eine Alphütte und ein großes Waldstück wurden verschüttet. Der Leckerbach wurde dabei gestaut und so entstand der Bergsee. Wer sich nicht sicher fühlt, der steigt jetzt zur nahen Falkenhütte ab, ¼ Std. Die Tour weiter über den Falken, 1564 m, und der Übergang zum Hochhädrich erfordert etwas mehr Übung als die Wanderung bis hierher. Durch eine 8 m hohe Rinne steigen wir am Drahtseil. Über die Hörmoosalpe erreichen wir Steibis.

Blick vom Immenstädter Horn auf Immenstadt ▶

Überschreitung der Nagelfluhkette

Leichte, aber sehr lange Wanderung über 8 Gipfel.

Für Familien mit größeren Kindern, die gewohnt sind, einen ganzen Tag lang immer wieder mehr oder weniger auf- und abzusteigen. Keine Einkehrmöglichkeit, nur Bergstation Hochgrat und Mittag.

Vom Hochgrat nach Immenstadt 7 Std.

Die Nagelfluhkette zwischen Oberstaufen und Immenstadt hat eine ganz besondere Beschaffenheit. Ehemaliger Meeresboden und Ablagerungen aus Molassegestein, ein Gemenge vom Wasser rundgerollter Steine, die fest miteinander verkittet sind. Der Allgäuer sagt dazu einfach Herrgottsbeton. Die Flora dieser Berge ist einzigartig. Die Überschreitung der bunten Grasberge und Grate ist besonders eindrucksvoll bei der Blütezeit Anfang Juli, oder noch im Spätherbst, wenn die Höhenwege in den Hochregionen längst tief verschneit sind.

<u>Talorte:</u>

Oberstaufen, 792 m, Steibis, 861 m. Von der Deutschen Alpenstraße fahren wir von Oberstaufen nach Steibis und bis zur Talstation der Hochgratbahn, siehe Staufner Haus.
Immenstadt, 729 m.

<u>Aufstieg:</u>

Haben wir nur einen Tag Zeit, so sollten wir die Hochgratbahn benützen, denn sonst dürfte die Tour zu anstrengend sein. Wer zwei Tage Zeit hat, der übernachtet im Staufner Haus. Von der Bergbahnstation gehen wir ¼ Std. zum Hochgrat, 1833 m, dem höchsten Gipfel der Nagelfluhkette. So wandern wir nun über die schönen Gipfel 12 km weit über die Grate, immer über der Baumgrenze mit Blick in die Allgäuer Alpenwelt und weit hinaus über das hügelige Westallgäu und das Allgäuer Voralpenland. Vom Gipfel steigen wir nun hinunter 20 Minuten zur Brunnenau-Scharte, 1624 m, um dann 200 m hochzusteigen auf den schönsten Berg der Rindalpkette, das 1822 m hohe Rindalphorn.

◄ Rettenberg mit Grünten

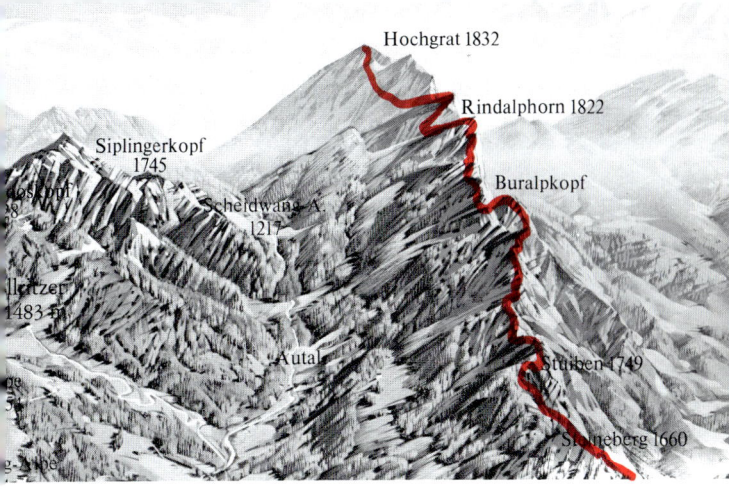

Hochgrat 1832

Rindalphorn 1822

Siplingerkopf
1745

Buralpkopf

Scheidwang A
1217

llerzer
1483 m

Autal

Stuiben 1749

Steineberg 1660

Nun steigen wir 280 m steil hinunter zur Gündlescharte, 1542 m. Von hier könnten wir zur Aualpe im Gunzesrieder Tal oder zur Rindalpe im Weißachtal absteigen. Von der Scharte steigen wir nun wieder 200 m hoch zum Gündleskopf, 1748 m. Beim Rückblick sehen wir die eindrucksvolle Ostseite des Rindalphornes. Weiter zum Buralpkopf, 1772 m, gehen wir in leichtem Anstieg. Über den Sederer-Wänden gehen wir zur nächsten Scharte, 1580 m. Auch hier wieder Abstiegsmöglichkeit zur Gunzesrieder Säge. Wieder haben wir einen Anstieg von 150 Höhenmetern zum Sederer, 1737 m. Der Übergang zum Stuiben, 1749 m, ist leicht. Wer die Tour abbrechen möchte oder muß, der geht den bezeichneten Weg links unter dem Stuiben am Hang entlang und erreicht nach ½ Std. die bewirtschaftete Gundalpe, eine weitere ½ Std. später das Berghotel Almagmach und in einer weiteren Stunde durch das Steigbachtal Immenstadt. Vom Stuiben gehen wir am Drahtseil gut gesichert über den herrlichen Grat zum Steineberg und Mittag, von wo wir bis etwa 17 Uhr noch mit dem Lift nach Immenstadt fahren könnten, zu Fuß 1½ Std.

Kemptner Naturfreundehaus auf dem Gschwenderhorn, 1450 m

Leichter, schattiger Weg, 2 Std. von Immenstadt oder Bühl, auch für Familien mit größeren Kindern geeignet.

Das gastliche Haus der Kemptner Naturfreunde steht hoch oben über dem Großen Alpsee und ist ein guter Stützpunkt für die leichten Wanderungen auf den Stuiben, den Sederer und auf das Immenstädter Horn. Im Winter geöffnet bietet es die Möglichkeit für schöne Skitouren.

Auffahrt im Winter mit dem Schlepplift von Bühl und dann ein fast ebener Skiweg in 20 Minuten zur Hütte.

Talort:

Immenstadt, 729 m, Bahnstation Kempten-Lindau.

Aufstieg:

Wir gehen vom Bahnhof nach 200 m bei der Schranke in Richtung ehemalige Hanfwerke, vorbei am Friedhof, dann den linken Weg, entlang der wildromantischen Steigbachschlucht, zur Hölzernen Kapelle, wo sich die beiden Wege wieder treffen. Dann auf schattigem Fahrweg durch den Wald immer leicht ansteigend bis zur Alpe Seifenmoos, 1335 m. Auf der Anhöhe uns gegenüber ist die Alpe Mittelberg, 1368 m. Wir gehen nun leicht ansteigend den Weg von der Seifenmoosalp etwas rechts weiter und erreichen nach 20 Minuten das Naturfreundehaus mit Übernachtungsmöglichkeit. Telefon (08323) 2123.

Ein weiterer Weg führt von Bühl am Alpsee über die Alpe Rabennest zur Alpe Alp und zum Naturfreundehaus, 2 Std.

Übergänge:

Staufner Haus 6 Std., Alpe Seifenmoos ¼ Std., Alpe Mittelberg ½ Std., Alpe Gund 1 Std.

Alpe Gschwenderberg

Sehenswerte Sennalpe zurückgebaut wie vor 300 Jahren. Ein lebendes Museum unter Denkmalschutz.

Talort:

Bühl, Auffahrt bis Talstation Skilift, Anstieg, leichter Weg ½ Std.

Mittag, 1451 m, Steineberg, 1660 m, Stuiben, 1749 m

Landschaftlich besonders schöne Bergwanderung, auch für Familien mit größeren Kindern, jedoch Vorsicht besonders bei Nässe unterhalb der Gipfelwand am Steineberg. Größte Vorsicht wenn dort noch Schnee sein sollte. Der manchmal etwas schmale Grat ist teilweise mit Drahtseilen gut gesichert.
Von Immenstadt auf den Stuiben 3 Std., weiter zum Mittag 2 Std.
Von Immenstadt auf den Mittag 2 Std., weiter zum Stuiben 2½ Std.
Die Überschreitung des schönsten Teiles der Nagelfluhkette, siehe Hochgrat – Mittag, wird oft der Kleine Heilbronner Weg genannt. Besonders im Frühsommer ab Mai zeigt sich uns eine herrliche Flora. Die Nagelfluhberge sind ehemalige Meeresablagerungen. Von den Einheimischen werden die zusammengebackenen Steine des Nagelfluh als Herrgottsbeton bezeichnet.

Talort:
Immenstadt, 729 m.

Aufstieg:
Die schnellste und einfachste Art, wir fahren mit der Sesselbahn in 2 Sektionen bis zur Gipfelstation des Mittag. Dann wandern wir hinüber zum Bärenkopf, ein kleiner Abstieg und dann der Anstieg zum vor uns stehenden Steineberg. Skifahrer gehen im Winter links vom Berg zum Gipfel. Wir steigen nun etwas steiler bis zur Gipfelwand und gehen fast eben unterhalb der Wand auf dem schmalen, mitunter etwas rutschigen Weg unter der ganzen Wand ca. 150 m entlang bis zum Sattel. Zum Gipfel selbst können wir nun leicht oben wieder das Stück zurückgehen.

Leicht auf und ab gehend, teilweise am Drahtseil, gehen wir nun weiter. Dann folgt noch ein größerer Abstieg und wir gelangen nun zum Grat, der zum Stuiben führt. Bei Schlechtwetterein-

bruch gehen wir nun den bezeichneten Weg in 20 Minuten zur Alpe Gund, die uns Einkehr und Unterstand bietet. Der Grat selbst wird immer etwas schmäler und dann auch steiler. Die letzten 40 m sind gut gesichert und so erreichen wir in pfundiger leichter Kletterei den nahen Gipfel. Als Abstieg gehen wir den Weg weiter bis zum Sattel zwischen Stuiben und Sederer (schöner Skiberg). Dann den Weg nach rechts um den Stuiben, nahe dem Weg können wir in der Alpe Gund rasten, dann absteigen direkt zum Gasthof Almagmach und durch das Steigbachtal nach Immenstadt, 2 Std. vom Stuiben, oder wir gehen von der Alpe Gund zur Alpe Mittelberg, Almagmach, oder Alpe Seifenmoos nach Immenstadt, oder von Seifenmoos zum Naturfreundehaus.

Wer nicht Seilbahnfahren möchte, der wandert in 3 Std. zum Stuiben von Immenstadt durch das Steigbachtal und macht die Tour in der anderen Richtung.

Immenstädter Horn, 1490 m

Leichte Bergwanderung, auch für Familien mit Kindern.
Bis zur Kanzel 1 Std., zum Hauptgipfel 2 Std.

Das Immenstädter Horn erhebt sich sehr steil 760 m hoch über Immenstadt. Der Berg ist fast ganz bewaldet.

Von der Kanzel, einem Vorgipfel, haben wir einen einmaligen Blick hinunter nach Immenstadt und zu den Alpseen.

Wie Spielzeug so klein ist direkt unter uns der Bahnhof mit den Zügen, die von hier nach Kempten, 22 km, nach Lindau, 60 km, und Oberstdorf, 20 km, fahren.

Talorte:
Immenstadt, 729 m, Bühl am Alpsee.

Aufstieg:
Vom Bahnhof in Immenstadt gehen wir nach 200 m bei der Schranke in Richtung Friedhof. Parkplatz für Pkw am unteren Ende des Friedhofs. Direkt am Eingang Parken nur für Besucher mit Parkscheibe. Wenn wir den Hauptweg durch den Friedhof gehen bis zum großen Holzkreuz, ca. 150 m, ist rechts unweit ein schönes Bergsteigergrab mit zwei Bergsteigern, die in den Tannheimer Bergen abstürzten.

Vom Friedhof gehen wir den rechten Weg und zweigen nach 50 m ab. Hier geht der Hornweg entlang des Berges nach Bühl. Nach wenigen Metern steigen wir nach links auf bezeichnetem Weg schattig bis hinauf zur Kanzel mit dem großartigen Tiefblick. Auf gleichem Weg können wir zurückwandern, oder wir gehen weiter bis zum Hauptgipfel. Der Weg ist leicht zu gehen. Sind Kinder dabei, lassen wir sie niemals aus den Augen, denn die Abgründe sind sehr nahe am Weg, besonders an der Kanzel.

Vom Horn können wir nun nach Bühl oder über die Alpe Alp nach Immenstadt absteigen.

Von Bühl führt ein leichter Anstieg auf bezeichnetem Weg zum Horn. Siehe Naturfreundehaus.

Hauchenberg, 1242 m, Stoffelberg, 1063 m

Leichte Wanderberge, auch für Familien mit kleineren Kindern.
Von Missen zum Hauchenberg 1½ Std.
Von Diepolz zum Hauchenberg ¾ Std.
Vom Hauchenberg zum Stoffelberg 1½ Std.
Von Niedersonthofen zum Stoffelberg ¾ Std.
Schöne, leichte Wanderberge über Missen-Wilhams und dem Niedersonthofener See. Von der Bundesstraße 19 sehen wir über dem See links den Hauchenberg und rechts den Stoffelberg.

Talorte:

Missen, 854 m, an der Straße von Immenstadt nach Isny.
Diepolz, 1035 m, an der Straße Missen – Niedersonthofen.
Niedersonthofen, 721 m, Abzweigung von der Bundesstraße 19 von Kempten nach Immenstadt.

Aufstieg:

Wir fahren nach Missen und gehen kurz hinter dem Dorf nach rechts in die »Klamm«. Vom Verkehrsverein Missen wurde in den letzten Jahren diese reizvolle Steiganlage in vielen freiwilligen Arbeitsstunden errichtet. Wir gehen auf zahlreichen Stufen, über kleine Brücken, am rauschenden Bergbach hinauf durch den stillen Bergwald. Steil ansteigend über den Hang führt der Weg durch Wald und Bergwiesen zum Hauchenberg. Von Diepolz, dem hochgelegenen Bergdorf, führt ein Weg über meist freie Alpflächen zum Hauchenberg. Hier, oder schon vorher nach Börlas, könnten wir absteigen und nach Missen zurückwandern. Wir können jedoch noch über den ganzen langen Höhenrücken des Hauchenberges weitergehen, bis wir nach ca. 3 km die Lohweg-Kapelle erreichen und oberhalb von Rieggis, 963 m, den Weg weitergehen bis zum Stoffelberg. Von beiden Bergen haben wir einen herrlichen Blick auf die ganze Alpenkette, über die Seen und hinaus über das Allgäuer Alpenvorland. Ein leichter Weg führt nun hinunter zum Berggasthaus »Alpenblick« und auf dem Weg über die Viehweiden hinunter nach Niedersonthofen. In Missen sehenswertes Hirnbein-Museum.

Grünten, 1741 m

Leichte Bergwanderung, auch für Familien mit größeren Kindern. Von Rettenberg, Kranzegg oder Burgberg jeweils 2 Std.

Der Wächter des Allgäus gilt als einer der schönsten Aussichtsberge der Alpen. An klaren Tagen können wir bis zu den Höhen des Schwarzwaldes sehen. Mit einem guten Fernglas soll sogar das Ulmer Münster zu erkennen sein.

Der Berg ist von allen Seiten sehr leicht zu ersteigen und überaus lohnend. Die einstmals erbaute Kabinenbahn fuhr leider in die roten Zahlen und kann nicht mehr benützt werden. Die Bahn wurde vom Bayerischen Rundfunk übernommen und darf nur noch die Techniker zum Gipfel befördern. Im Winter sind in Kranzegg und Rettenberg 13 Skilifte am Grünten in Betrieb und Tausende erfreuen sich auf den gut gepflegten Pisten.

Talorte:

Rettenberg, 806 m, Kranzegg, 860 m, Burgberg, 751 m. Bahnstation ist Immenstadt, Busverbindung und Autoanfahrt in Richtung Füssen.

Von Rettenberg könnten wir vorbei am Sportplatz zur Alpe Kammereck und Grünten wandern. Bis fast zur Alpe Kammereck könnten wir auf einer geteerten Alpwegstraße vorbei am Steinhof mit dem Pkw fahren. Anfahrt bis 300 m vor Kranzegg und dann, den Wegweiser beachtend, nach rechts. Von Kranzegg führt eine Mautstraße bis zum Berghaus Jörg und über die Grüntenalpe könnten wir zum Gipfel gelangen.

Von Burgberg gehen wir vorbei am Gasthof »Löwen« zur Kapelle hinauf und den Waldweg bis zum Grüntenhaus, 1535 m, 1½ Std. Das war die erste Berghütte, die im Allgäu erbaut wurde. Vom Berggasthaus sind wir in ½ Std. auf dem Grünten. Erst kommen wir vorbei an der Sendeanlage mit dem 90 m hohen Fernsehturm, nach 200 m sind wir auf dem Hauptgipfel mit dem höchsten Denkmal Deutschlands, errichtet für die gefallenen Gebirgsjäger. Schöner Abstieg über die im Sommer bewirtschaftete Alpe »Schwand« zum Gasthof »Alpenblick«.

Falkenstein, 1170 m

Leichte Bergwanderung, auch für Familien mit kleineren Kindern möglich.

Von Rettenberg zum Falkenstein 1 Std.

Vom Falkenstein über den ganzen Rottachberg nach Vorderburg 2 Std.

Von Vorderburg zurück nach Rettenberg 1 Std.

Gesamtzeit der Rundwanderung 4 Std.

Die Überwanderung des Rottachberges ist eine leichte und nicht besonders anstrengende Tour. Wenn wir einmal die Höhe am Falkenstein erreicht haben, so bleiben wir fast immer auf gleicher Höhe, gehen meist auf Wald- und Wiesenwegen bis zur Ruine Vorderburg und gemütlich hinunter in das Dorf.

Talorte:

Das schöngelegene Dorf Rettenberg, 806 m, erreichen wir auf der Straße von Immenstadt nach Nesselwang.

Vorderburg, 861 m, ist an der Straße von Kranzegg nach Kempten.

Aufstieg:

Von Rettenberg wandern wir zur nahen Gebhards-Höhe, 908 m. Malerisch liegt inmitten der grünen Wiesen das Dorf Rettenberg mit dem Weiler Wagneritz unter uns. Darüber erhebt sich der Grünten, 1741 m. Durch Wald und Wiesen gehen wir leicht ansteigend zum Gipfel des Falkensteins. Auf dem Nagelfluhfelsen steht das Gipfelkreuz. Ein Geländer schützt uns vor den senkrecht abbrechenden Felsen. Vorsicht, auf die Kinder achten. Einmalig ist der Blick über Immenstadt, Kempten, die Allgäuer Seen und das hügelige Voralpenland. Fast mühelos ist die Wanderung über den ganzen Höhenzug des Rottachberges bis zum Weiler Hinterberg, wo in 1080 m der höchste Bauernhof des Tales steht. Gemütlich wandern wir nach Vorderburg und nach Rettenberg zurück.

Auf dem Königssträßlein um den Grünten

Leichte, erholsame Wandertour im weitläufigen Bergwald.
Auch für Familien mit kleineren Kindern möglich.
Vom ADAC-Parkplatz bei Adelharz nach Burgberg 4 Std.
Eine landschaftlich sehr reizvolle Wandertour, einmal auf der Rückseite des uns von vorne so vertrauten Grünten.
Durch den Großen Wald führt ein für Autos gesperrtes Teersträßlein bis hinüber nach Burgberg. Dabei könnten wir zum Abschluß noch durch die Starzlachklamm gehen. Mit dem Bus fahren wir von Burgberg zurück.

Talorte:

Kranzegg, 860 m, und Wertach, 915 m, erreichen wir auf der Straße von Immenstadt nach Nesselwang-Füssen. Burgberg, 752 m, ist an der Straße von Rettenberg nach Sonthofen.

Wanderung:

Wir fahren von Rettenberg zum großen ADAC-Parkplatz bei der Bushaltestelle, 3 km nach Kranzegg und 4 km vor Wertach. Nach ¼ Std. sind wir schon an der höchsten Erhebung, der Kümmerle-Alp, 1053 m. Hinunter gehen wir den Weg zur Starzlach und an der ersten Schutzhütte können wir mit den Kindern zum nahen, herrlich im Wald gelegenen, gut ausgestatteten Spielplatz wandern. Von der Schutzhütte gehen wir 20 Minuten, und auf einmal fließt die Starzlach nun nicht mehr links, sondern in entgegengesetzter Richtung rechts von uns. Durch eine kleine Bodenerhebung teilt sich das Wasser. Die Wertacher Starzlach fließt in den Lech und die Burgberger Starzlach in die Iller. So kommen wir zur unbewirtschafteten Dreiangel-Hütte, 994 m. Wir kommen aus dem Wald und haben den Blick frei zur Grünten-Südseite, wo wir dann nach langer Wanderung unsere erste bewirtschaftete Gaststätte, den »Alpenblick«, erreichen. 3 Std. vom ADAC-Parkplatz. Auf der Autostraße können wir in ½ Std. in Burgberg sein. Schöner ist die Wanderung durch die Starzlachklamm.

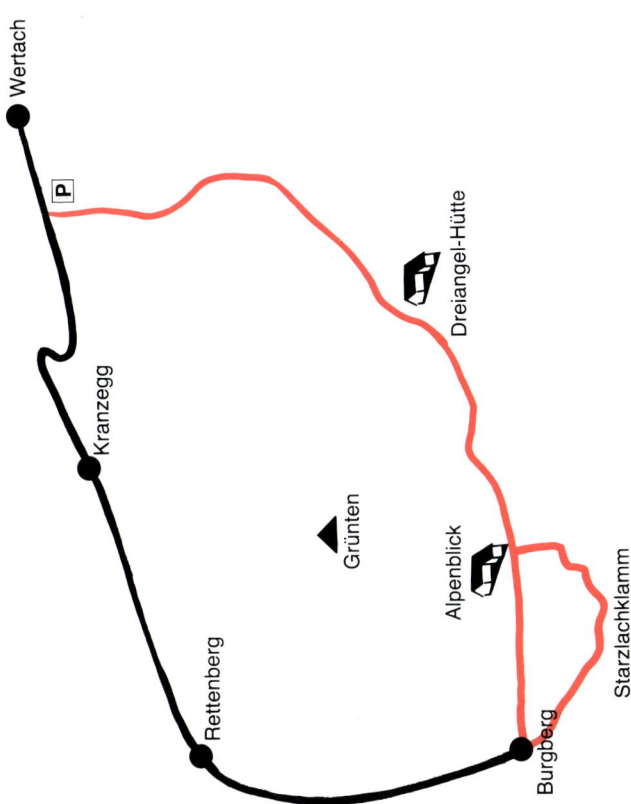

Wertach

P

Kranzegg

Dreiangel-Hütte

Grünten

Alpenblick

Starzlachklamm

Rettenberg

Burgberg

41

Wertacher Horn, 1685 m

Leichte Bergwanderung, auch für Familien mit kleineren Kindern. Wer den 2 Std. langen Weg bis zur Schnitzlertal-Alpe vermeiden möchte, der kann für die 6 km lange Alpwegstraße werktags einen Erlaubnisschein beim Vorsitzenden des Alpwegeverbandes, Herrn Boege in Wertach, gegenüber dem Rathaus, für DM 6,– erhalten. Sonntags darf nicht gefahren werden.
Vom ADAC-Parkplatz zwischen Kranzegg und Wertach 2¾ Std.
Von Unterjoch 2¼ Std.
Von Hindelang 4 Std.
Das Wertacher Horn wird sehr gerne wegen seiner schönen Aussicht, den herrlichen Alpenrosenbeständen und seiner leichten Besteigbarkeit erwandert.

Talorte:
Der bekannte Kurort Wertach, 915 m.
Unterjoch, das schöne Bergdorf, 1013 m.

Aufstieg:

Wir fahren von Wertach in Richtung Immenstadt 4 km bis zum Parkplatz Großer Wald. Auf dem Königssträßlein wandern wir in leichtem Auf und Ab ein kurzes Stück leicht abwärts 1,5 km bis zu einer kleinen Unterstandshütte nahe dem herrlichen Kinderspielplatz im Wald. Nach links führt nun das Teersträßlein in leichtem Anstieg bis zur Schnitzlertal-Alpe, 1400 m, 2 Std. Im Sommer ist die Hütte bewirtschaftet. In ¾ Std. sind wir auf dem Gipfel. Unter dem Nebengipfel ist der kleine Hörnlesee, den wir so nebenbei noch ansehen können. Vom See wandern wir dann wieder zurück zur Alpe und ins Tal.

Der Anstieg direkt von Wertach ist sehr lang (11 km), 4 Std.

Wenn wir von Unterjoch ansteigen, so fahren wir bis zum Skilift-Parkplatz in Obergschwend. Auf markiertem Weg können wir zum Wertacher Horn aufsteigen.

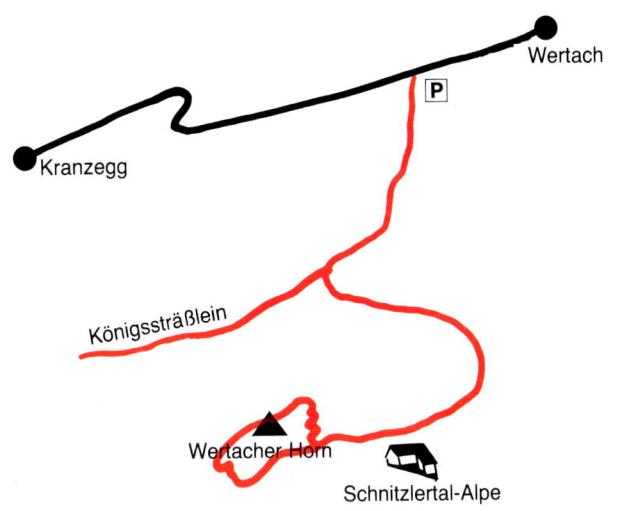

Von Hindelang steigen wir durch den Hirschbachtobel in den Sattel zwischen Hirschberg und Spieser, dann durch mitunter nasse Wiesen zum Roßkopf und weiter leicht ansteigend zum Gipfel.

Von Sonthofen könnten wir mit dem Pkw über Walten, Unterried bis Breiten, 1000 m, fahren. Weiter gehen wir dann zum Tiefenbacher Eck, Roßkopf und zum Wertacher Horn in 4½ Std.

Sorgschrofen, 1636 m

Leichte Tagestour, auch für Familien mit Kindern.

Die Überschreitung des Gipfelgrates ist nur geübten Bergsteigern anzuraten.

Von Jungholz 1½ Std.

Wie eine einstige Ritterburg, so steht der Sorgschrofen mit seinem langen zerrissenen Gipfelgrat über den beiden hübschen Bergdörfern Jungholz, der österreichischen Enklave, und dem deutschen Unterjoch. Von Einheimischen wird der Berg oft als Zinken bezeichnet.

Auf dem Gipfelgrat kommen wir an die wohl engste Stelle Österreichs. Dort ist unser Nachbarland nur noch einen Meter breit. Jungholz gehört wie das Kleine Walsertal nach Österreich, ist aber auf der Straße nur von Deutschland erreichbar und ist deutsches Zollgebiet mit deutscher Währung.

Talorte:

Jungholz in Tirol. Wir fahren mit Pkw über Immenstadt, Richtung Füssen, vorbei an Rettenberg nach Wertach und zweigen ab in Richtung Unterjoch. Nach 2 km fahren wir links auf guter Straße nach Jungholz, 1150 m. Busverbindung. Unterjoch, 1013 m, können wir erreichen, wenn wir die Straße von Wertach weiterfahren. Unweit neben der Straße, nach der Pfeiffermühle, könnten wir die Sorgalpe besuchen. Unterjoch ist jetzt auch auf einer guten Straße von Oberjoch erreichbar.

Aufstieg:

Von Jungholz gehen wir den etwas sumpfigen Weg leicht ansteigend über die Berghänge auf die Schulter links unter dem Ostgipfel des Sorgschrofen. Bei einer breiten, vom Gipfel herabziehenden Grasmulde, steigen wir das kurze Stück zum Gipfel.

Von Unterjoch gehen wir erst ¼ Std. in Richtung Schattwald, dann hinauf nach Steineberg und auf einem sumpfigen Alpweg, über freie Hänge und dann an einem 50 m langen Drahtseil zum Westgipfel, 1612 m.

Hörner-Haus (früher Kemptner Skihütte), 1362 m

Sehr leicht erreichbarer, neu umgebauter Berggasthof mit Hüttencharakter, von Bolsterlang ¾ Std.
Für Familien mit Kindern geeignet.
Auffahrt mit der Sesselbahn möglich.
Das Hörnerhaus liegt sehr günstig an der Waldgrenze über dem Illertal und hat 187 Betten. Ausgangspunkt für leichte Familienwanderungen.
Besonders im Winter gerne besucht. Die Sesselbahn führt bis fast zum Haus. Von hier Skilifte zum Weiherkopf und zum Weiherkopfsattel. Tourenmöglichkeit zum Riedberger Horn, oft als schönster Skiberg Deutschlands bezeichnet. Die bekannte Skitour über Ochsenkopf, Weiherkopf, Rangiswanger Horn, Sigiswanger Horn, Ofterschwanger Horn, Allgäuer Berghof (herrliches Berghotel der Olympiasiegerin Ossi Reichert), Hörnerskizirkus mit Abfahrt nach Blaichach, Gunzesried oder nach Ofterschwang.
Im Sommer eine besonders schöne und leichte Wanderung.

Talort:
Fischen, mit Auto oder Bus nach Bolsterlang. Zu Fuß ¾ Std.

Anstieg:
Auffahrt mit der Sesselbahn oder Anstieg von der Talstation etwas nach links und auf einem harmlosen Fahrweg, jedoch nicht für Kfz zugelassen, zum Berggasthof.

Übergänge:
Schwabenhaus 1 Std.
Allgäuer Berghof 3 Std.

Überschreitung der Hörner

Leichte Familienwanderung, auch mit Kindern möglich.
Vom Hörnerhaus nach Blaichach 4 Std.
Vom Riedberger Horn nach Blaichach 6 Std.
Sehr schöne, leichte Wanderung, ohne Schwierigkeit, mit nur leichten Auf- und Abstiegen, hoch über dem Illertal.

Talorte:

Bolsterlang, 892 m, Busverbindung von Fischen.
Obermaiselstein, 859 m, am Riedbergpaß, 1450 m.

Aufstieg:

Wir fahren mit dem Linienbus von Fischen zum Riedbergpaß und gehen die wenigen Minuten zur Grasgehrenhütte, 1447 m. Ein bezeichneter Weg führt uns in 1 Std. zum Riedberger Horn, 1786 m, und dann gehen wir über den herrlichen Panoramaweg zum Ochsenkopf, 1662 m, 1 Std. und in einer weiteren Stunde zum Weiherkopf, 1665 m. Wer die Tour etwas kürzer machen möchte, der wandert oder fährt mit der Sesselbahn zum Hörnerhaus und geht dann in ¾ Std. auf den Weiherkopf. In einer weiteren ½ Std. stehen wir auf dem Rangiswanger Horn, 1615 m. Nach einem leichten Abstieg und einem kleinen Anstieg stehen wir nach ¾ Std. auf dem Sigiswanger Horn, 1527 m. Unter dem Rangiswanger Horn steht in 1200 m Höhe die Kahlrückenalpe (Wiesenbaude). Wir könnten vor und nach dem Rangiswanger Horn absteigen zur Hütte und hinunter nach Sigiswang. Vom Sigiswanger Horn gehen wir ein gutes Stück hinunter auf den Sattel der Oberen Badersalpe, um dann mit einem kleinen Anstieg das Ofterschwanger Horn zu besteigen, 1406 m. Nun eine harmlose, aber schöne Wanderung über den Rücken zur nahen Alpe Eck mit dem Berghotel »Allgäuer Berghof«, 1237 m. Hier oben lebt die Olympiasiegerin Ossi Reichert. Mit dem Sessellift könnten wir nach Gunzesried hinunter fahren oder gemütlich nach Sigiswang wandern. Vom Kapf führt ein Weg direkt nach Blaichach.

Gelbhansekopf 1440

Baldersch

Besler 1680

Riedberger
Horn 178

Bleicherhorn

1712

Grasgehrenhütte

Berghaus Schwaben 1510

Weiherkopf
1665

ngratbahn
aus

Rangiswanger Horn
1615

Siegiswanger Horn
1527

Ofterschwanger Horn
1408

Sigiswang

Allgäuer Berghof
1260

Ofterschwang 864

Sesselb

Bettenried

Hüttenberg

Panoramaweg zum Riedberger Horn, 1786 m

Leichte Familienwanderung, auch mit Kindern möglich.
Von Bolsterlang zum Hörnerhaus ¾ Std., oder Auffahrt mit der Hörnerbahn bis fast zur Hütte.
Vom Hörnerhaus zum Schwabenhaus 1 Std.
Vom Schwabenhaus zum Riedberger Horn 1¼ Std.
Bei Sonthofen, Fischen und Gunzesried befindet sich die ausgedehnte Hörnergruppe. Ein ideales, ungefährliches Wandergebiet mit einer Vielzahl von Tourenmöglichkeiten in der Höhenlage von 1600 m mit immer wieder großartigen Blicken zum Alpenpanorama der Oberstdorfer Berge.

Talorte:

Bolsterlang, 892 m, erreichen wir von Fischen (4 km).
Obermaiselstein, 859 m, ist an der Paßstraße nach Balderschwang.

Aufstieg:

Mühelos mit der Sesselbahn oder durch den Waldweg leicht zum Hörnerhaus, 1362 m (Übernachtungsmöglichkeit). Wer etwas Kondition mitbringt, könnte von Sigiswang, 848 m, in 2 Std. zum Rangiswanger Horn, 1615 m, aufsteigen und über den Weiherkopf, 1665 m, dann den Ochsenkopf, 1662 m, überwandern und zum Riedberger Horn gelangen.

Vom Hörnerhaus, das früher Kemptner Skihütte genannt wurde, gehen wir nun hinauf zum Sattel und zum schon sichtbaren Schwabenhaus, 1500 m, fast eben hinüber. Nun wandern wir noch hinauf zum Ochsenkopf und dann den leichten Gratweg hinüber und hinauf zum Riedberger Horn.

Vom Gipfel steigen wir nun mühelos hinunter zur Grasgehrenhütte, 1447 m, mit Einkehrmöglichkeit. Mit dem Linienbus fahren wir vom Riedbergpaß zurück nach Obermaiselstein, Bolsterlang oder Fischen.

Sipplinger Kopf, 1746 m

Schöner Gipfel, jedoch etwas Trittsicherheit erforderlich.
Von der Mautstraße an der Hinteren Au-Alpe zum Sipplinger Kopf 2 Std.

Der Sipplinger Kopf ist ein besonders schöner Nagelfluhberg, mit hohen senkrechten Wänden auf der Nordseite zum Aubachtal. Für sehr gute Kletterer ist die bekannte Sipplinger Nadel eine überaus luftige Klettertour. Entgegen der sonst waagrechten Schichtung der Nagelflugberge steht die Schichtung an dem kühnen Felsturm senkrecht etwa 40 m hoch. Die Nadel ist etwa zwischen der Sipplinger Alpe und der Hirschgundalpe und auch von beiden Hütten zu sehen.

Talort:

Gunzesrieder Säge, 950 m. Zu erreichen über die Straße, die zwischen Blaichach und Sonthofen bei Seifriedsberg abzweigt nach Gunzesried. Wir fahren bis zum Ende bei der Säge mit dem Berggasthof. Auf einer Mautstraße können wir bis zur Scheidwangalpe, 1317 m, fahren, ca. 7 km.
Fast besser, wenn wir unseren Pkw jedoch schon bei der Hinteren Au-Alpe, 1050 m, lassen. Sonst müssen wir bei der Rückkehr die Steigung wieder hinauf zum Auto.

Aufstieg:

Auf dem Alpweg zur Scheidwang und dann hinauf zum Heidenkopf, 1685 m, ¾ Std. von der Alpe. Ein sehr schmaler Grat führt nun 1 km hinüber zum Sipplinger Kopf. Mit größter Vorsicht begehen wir den Grat. Bei Nässe verzichten wir lieber auf diese Tour.

Beim Abstieg gehen wir auf den Sattel der Oberen Wilhelmine-Alpe, dann an der Westflanke des Tennenmooskopfes, 1628 m, entlang und hinunter in Richtung Hirschgundalpe und dann zur Au-Alpe, wo wir jetzt recht froh sind, daß wir das Auto nicht bei der Scheidwang oben haben.

Höllritzereck, 1669 m, Bleicherhorn, 1669 m

Leichte Bergwanderung, auch für Familien mit Kindern.

Von der Gunzesrieder Säge zum Höllritzereck 3 Std., weiter zum Bleicherhorn ¼ Std.

Abstieg über Mittelbergalpe zur Gunzesrieder Säge 1½ Std. Gesamtzeit ca. 5 Std.

Die Tour führt erst durch das Ostertal, dann der Anstieg zur Höllritzer Alpe und auf dem langen Grat hinauf zu den beiden gleich hohen Bergen, die nur durch eine kleine Senkung getrennt sind, und über einen langen Grat wandern wir über der Baumgrenze mit schönem Blick zur Nagelfluhkette und zu den Hörnern bis zur Alpe Mittelberg und zurück zur Säge.

Talort:

Gunzesrieder Säge, 950 m, im Gunzesrieder Tal. Anfahrt über Immenstadt nach Blaichach, nun Abzweigung rechts nach Seifriedsberg, Allgäuer Berghof (herrlich gelegenes Berghotel, über Mautstraße erreichbar), Gunzesried und bis zur Säge mit dem schönen Berggasthof.

Aufstieg:

Von der Säge wandern wir auf dem Waldlehrpfad zur Ostertalhütte des DAV Augsburg, 1070 m. Weiter gehen wir entlang dem Ostertalbach bis zur Gräfen-Alpe, 1102 m, ca. 3 km. Über die Alpweiden steigen wir nun hinauf zur bewirtschafteten Höllritzer Alpe, 1483 m. Weiter gehen wir auf dem Alpweg südlich und dann nach etwa 20 Minuten nach rechts, erst über Alpweiden, dann steiler zum Höllritzereck und dann den kleinen Übergang zum Bleicherhorn. Nun gehen wir in Richtung Obere Wilhelmine-Alpe, zweigen später ab in Richtung Höllritzer Alpe, können dann ein kurzes Stück auf der Fahrstraße in Richtung Untere Wilhelmine gehen und zweigen dann ab auf den Weg zum Ostertalberg, 1383 m, Birkachalpe, Mittelbergalpe, 1248 m, Säge.

Hochgrat 1832

Rindalphorn 1822

Buralpkopf

Siplingerkopf
1745

Scheidwang-A.
1257

nenmooskopf
1628

Höllritzer
1483 m

Autal

Stuiben 1749

ch-alpe
1354

Steineberg 1660

elberg-Alpe
1354

ertal

Mittag

Gunzesried
Säge
960

Wiesach

Rauhenberg

Allgäuer
Berghol
710

Gunzesried
900

Reute 860

Halden

Kühberg

Seifriedsberg 770

Zollbrücke

Bihlerdorf 740

Iller

Bla

Grünten 1738

Besler, 1680 m

Leichte Bergwanderung, auch für Familien mit größeren Kindern.
Von Obermaiselstein 2½ Std.
Vom Riedbergpaß 1½ Std.
Von Tiefenbach 3 Std. Von Rohrmoos 2 Std.

Wie eine riesige Burg ragt die 800 m breite und bis zu 60 m hohe Nordwand des Besler über dem bewaldeten Höhenzug zwischen Obermaiselstein, Tiefenbach und Rohrmoos empor. Der Berg besteht, wie der Hohe Ifen, aus Helvetischer Kreide. Trotz der geringen Höhe lohnt die Besteigung wegen der guten Fernsicht und der herrlichen Flora. Die gewaltige Mauer kann auf einem Klettersteig überwunden werden. Weitaus sicherer ist jedoch die Wanderung unter der Mauer entlang und auf dem leichten Weg auf der Westseite zum Gipfel.

Talorte:

Obermaiselstein, 859 m, an der Straße von Fischen nach Balderschwang. Sehenswert die Sturmannshöhle, nahe dem Königsweg.
Tiefenbach, 887 m, an der Straße von Oberstdorf zur Breitachklamm.
Rohrmoos, 1070 m, auf einem Alpwanderweg zu erreichen von Tiefenbach.

Aufstieg:

Kürzester Anstieg vom Riedbergpaß, 1450 m. Wir steigen erst etwas ab zur Schönbergalpe, 1345 m, dann steil über die Wiesen empor bis zu einer Einkerbung zwischen der westlichen und der östlichen Mauer, dann etwas auf der Südseite auf dem Weglein zum Gipfel.

Von Obermaiselstein gehen wir von der alten Kirche nach Süden zum Ortsteil Haubenegg. Nach rechts gehen wir weiter, immer leicht ansteigend, den von dem Bayernkönig Max II. angelegten Reitweg. Der König ritt hier zu seiner Jagdhütte, die wir auf diesem als Königsweg bezeichneten Anstieg in 1340 m Höhe

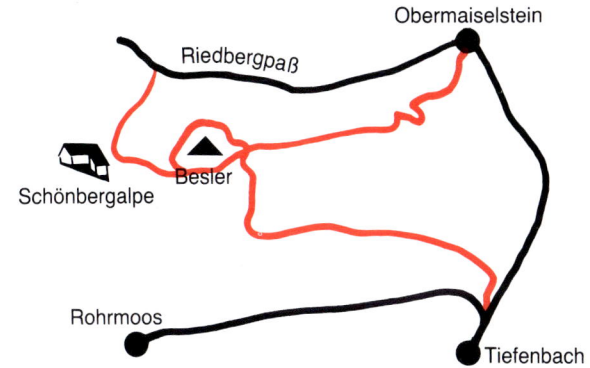

erreichen. Bei der Oberen Gundalpe, 1550 m, teilt sich der Weg. Nur absolut schwindelfreie und sichere Leute können auf dem 30 m hohen Klettersteig, der durch eine Rinne zum Gipfel führt, am nicht immer sicheren Drahtseil hinaufklettern.

Wer nicht so sicher ist, der wandert rechts unter der gewaltigen Mauer entlang auf einem Pfad nördlich um den Gipfelblock, dann durch eine Scharte nach links um den Felsblock, einige Schritte hinunter und auf gutem Steig über die Grashänge zum Gipfel. Der Weg ist um einiges weiter, jedoch wesentlich sicherer. Besonders schön ist der Blick über das stille Rohrmooser Tal hinüber zu den Gottesackerwänden und zum Hohen Ifen.

Von Tiefenbach wandern wir über den Alpweg durch das Lochbachtal zur Unteren, Mittleren und Oberen Gundalpe und wie vorher dann zur Kletterstelle direkt am Gipfelaufbau oder um die ganze Mauer.

Von Rohrmoos führt ein etwas mühsamer Weg über steile Berghänge hinauf bis zum normalen Weg zum Gipfel. Als Abstieg könnten wir zur bewirtschafteten Grasgehrenhütte gehen und mit dem Bus vom Riedbergpaß nach Obermaiselstein fahren.

Über die Sonnenköpfe

Schöne Wanderung über die kuppenförmigen Grasberge oberhalb Sonthofen. Auch für Familien mit Kindern.

1. Auffahrt mit Pkw zum Altstädter Hof, Sonnenköpfe, Retterschwanger Tal, Straußbergsattel, Altstädter Hof 5½ Std.

2. Von Altstädten zum Sonnenkopf, Entschenjoch, Reichenbach 5½ Std.

3. Hindelanger Sesselbahn, Straußberg-Alpe, Sonnenkopf 3½ Std. Abstieg über Entschenalpe nach Altstädten 1½ Std.

Talorte:

Altstädten, 750 m, Reichenbach, 867 m, Hindelang, 825 m.

Aufstieg:

1. Wir holen im Verkehrsamt oder im Gasthof »Schäffler« in Altstädten eine Mautkarte und können dann bis zum Altstädter Hof, 1249 m, fahren. Zum Sonnenkopf, 1712 m, wandern wir in 1½ Std. Auf dem Kamm gehen wir zum Heidelbeerkopf, 1767 m, und weiter zum Schnippenkopf, 1833 m. Nun steigen wir ab zum Entschenjoch, 1689 m, und wandern links hinunter zur Rotmoosalpe, 1500 m, und zum Mitterhaus, 1081 m. Nun haben wir den Anstieg zum Straußberg-Sattel, 1250 m, über Sonthofener Hof zum Altstädter Hof.

2. Von Altstädten steigen wir zur Sonnenklause, 1050 m, und Entschenalpe zum Sonnenkopf, 2¾ Std., dann weiter über die Köpfe bis zum Entschenjoch und steigen ab über Rubi-Alpe und die bewirtschaftete Gaisalpe nach Reichenbach und fahren mit dem Bus zurück nach Altstädten.

3. Wir fahren mit der Hindelanger Sesselbahn, 1300 m, und wandern über den Zwölferkopf, 1355 m, zur Straußberg-Alpe, 1227 m, Altstädter Hof zum Sonnenkopf. Über die Entschenalpe können wir nach Altstädten wandern, 1½ Std. Oder wir gehen weiter, wie bei vorigem Tourenvorschlag, über die Gaisalpe nach Reichenbach. Oder wir wandern durch das lange Retterschwanger Tal wieder zurück nach Hindelang.

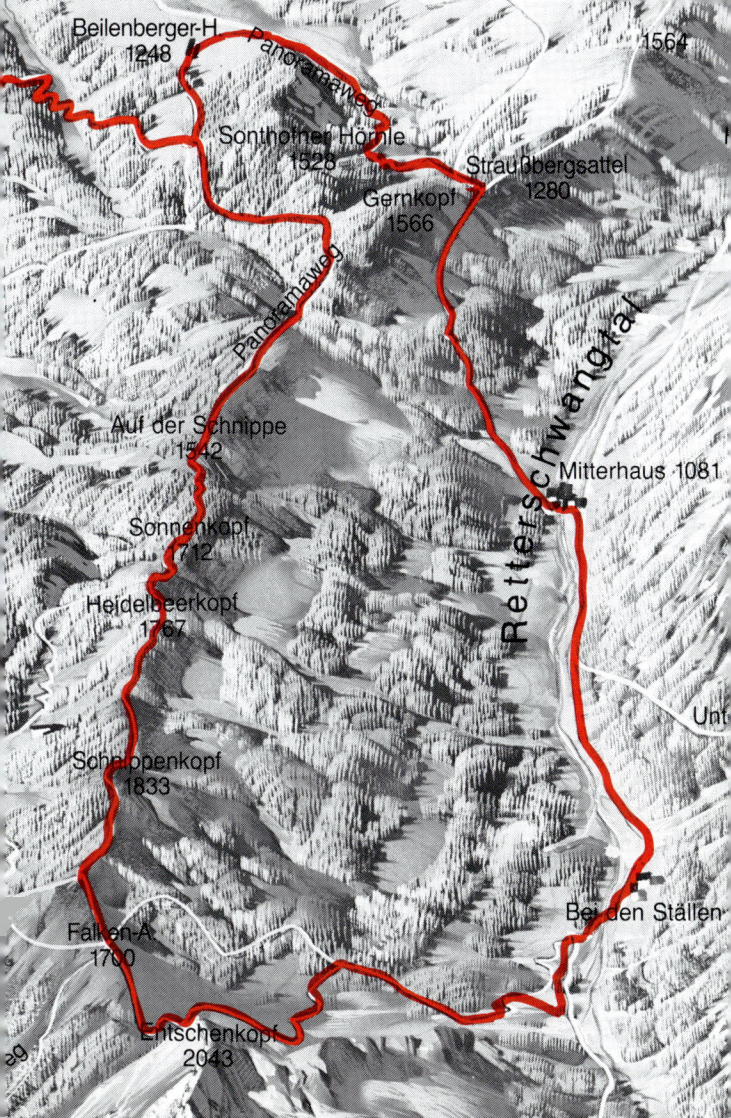

Beilenberger-H
1248

Panoramaweg

Sonthofener Hörnle
1528

1564

Straußbergsattel
1280

Gernkopf
1566

Panoramaweg

Auf der Schnippe
1542

Mitterhaus 1081

Sonnenkopf
1712

Retterschwangtal

Heidelbeerkopf
1767

Unt

Schnippenkopf
1833

Bei den Ställen

Falken-A
1700

Entschenkopf
2043

Willersalpe am Jubiläumsweg, 1456 m

Leichter Anstieg, auch für Familien mit Kindern geeignet.
Von Hinterstein 1½ Std.
Die bewirtschaftete Alphütte steht unter dem Geißhorn. Wir können in dieser Alphütte auf Matratzenlagern übernachten und so den langen Jubiläumsweg zum Luitpoldhaus wenigstens etwas abkürzen. Von den Hindelanger Kurgästen wird die echte Alphütte gerne besucht. Trotz des leichten Anstieges sollten wir jedoch schon feste Schuhe anziehen, denn mit Halbschuhen ist oft bei einem einzigen Umknicken der Knöchel ab und der schöne Urlaub im Eimer. In neuer Zeit war die Übernachtung in der Hütte teilweise nicht möglich, erst bei der Kurverwaltung Hindelang anrufen!

Talort:

Hinterstein, 865 m. Wir fahren von Sonthofen nach Hindelang und Hinterstein. Oberhalb vom Gasthof »Grüner Hut« ist der bewachte Parkplatz. Bahnstation ist Sonthofen mit Busverbindung nach Hinterstein.

Aufstieg:

Vom Gasthof und Parkplatz gehen wir auf dem bezeichneten Weg nach rechts über die Alpweiden, dann durch den Wald und über den Willersbach. Ein Bergweg geht in Kehren durch den Wald und trifft später wieder auf den Fahrweg. Dann gehen wir wieder über buckelige Weideflächen in den weiten Kessel, in dem die Alphütte steht.

Übergänge:

Prinz-Luitpold-Haus 7 bis 8 Std. Der Jubiläumsweg ist einer der weitesten Wege in den Allgäuer Alpen und nur guten, ausdauernden Bergwanderern bei sicherem Wetter anzuraten.

Hinterstein – Bschießer – Ponten – Willersalpe

Landschaftlich schöne Bergwanderung, auch für Familien mit größeren Kindern.
5½ Std. wieder zurück bis Hinterstein.
Nach einem steilen Anstieg neben dem imposanten Wasserfall wandern wir über die Alpweiden der Zipfelsalpe mit herrlichem Blick zum Daumen und den Hindelanger Bergen über den leichten Grat und wandern dann hinunter zur Willersalpe und nach Hinterstein.

Talort:
Hinterstein, 865 m.

Aufstieg:
Von Hinterstein gehen wir an der Kirche das Weglein zum Wasserfall hinauf. Besonders zur Schneeschmelze donnern die Wasser von hoch oben über die Felsstufen herunter. Steil und auf vielen Serpentinen steigen wir in die Höhe, bald ist Hinterstein wie ein Spielzeugdorf unter uns. Der Weg wird nun etwas flacher und wir gelangen zur Zipfelsalpe, 1526 m, 2 Std. Über Alpweiden gehen wir durch die flache Mulde, ½ Std., zum Stuibensattel, 1613 m, zwischen Iseler und Bschießer. Von hier könnten wir in 1 Std. nach Schattwald gelangen. Wir gehen nun nach rechts in 1 Std. zum Gipfel des Bschießer, 2000 m. Genau auf der Grenze zwischen Deutschland und Österreich gehen wir nun auf leichtem Weg in ½ Std. zum Ponten, 2045 m. Vorbei am Zirleseck, 1872 m, wandern wir auf leichtem Weg hinunter zur bewirtschafteten Willersalpe, 1456 m. Wir können nun direkt hinuntergehen zum »Grünen Hut«, oder wir gehen den Weg, vorbei am Wildfreuleinstein, zu unserem Ausgangspunkt bei der Kirche in Hinterstein. Das Auto können wir auf dem Parkplatz unter dem Wasserfall abstellen.

Prinz-Luitpold-Haus am Hochvogel, 1950 m

Einer der leichtesten Hüttenanstiege, auch für Familien mit größeren Kindern geeignet.
Giebelhaus – Prinz-Luitpold-Haus 2 Std.

Überaus schön gelegene große DAV-Hütte der Sektion Allgäu-Immenstadt. Erbaut im Jahre 1881. Neben der Hütte ein kleiner Bergsee. Darüber die eigenartig gefaltete Fuchskarspitze, der Wiedemer und genau über der Kreuzspitze sehen wir das Kreuz auf dem Hochvogel.

Talort:

Hindelang – Hinterstein, mit Kleinbus bis zum Giebelhaus. Fahrtmöglichkeit ab ca. 7 Uhr, ca. jede Stunde.
Zu Fuß gehen wir etwa 2 Stunden entlang der Ostrach bis zum Berggasthof Giebelhaus. In Hindelang bei Kfz-Werkstätten ein Fahrrad leihen oder gleich selbst mitbringen. Ein normales Rad muß jedoch des öfteren geschoben werden. Zur Rückfahrt aber eine feine Sache: Wir rollen vom Giebelhaus bis fast nach Hinterstein. Für Pkw gesperrt.

Aufstieg:

Wir wandern nach links und auf der Teerstraße ½ Stunde ins Bärgündeletal. Noch vor der Materialseilbahn führt an bezeichneter Stelle das Weglein nach links hinunter zum Bach. Über eine kleine Brücke und dann der Anstieg durch den Wald. Nach einem schönen Wasserfall erreichen wir die Bärgündele-Alp, 1323 m, und dann leicht ansteigend hinauf zum schon bald sichtbaren Luitpoldhaus. Rechts neben der Hütte der Wiedemerkopf, 2165 m. Für geübte Bergsteiger auf gesicherter Steiganlage gut erreichbar.

Übergänge:

Laufbacher Eck – Nebelhorn 5 Std., Kemptner Hütte 7 Std., Jubiläumsweg – Willersalpe 7 Std., Landsberger Hütte 6 Std.

Hochvogel, 2593 m

Anstieg zum Berg nur für etwas geübte Bergsteiger.
Anfänger nur mit Bergführer.
Besondere Schwierigkeit: Steiles, oftmals hartes oder eisiges Schneefeld am Kalten Winkel.
Bei der Besteigung über die Kreuzspitze Schwindelfreiheit notwendig. Bei Nebel oder Neuschnee auf richtigen Abstieg vom Gipfel achten.

Oft wird der König des Ostrachtales als der schönste Felsberg der Allgäuer Alpen bezeichnet. Er gehört nicht zu den höchsten, jedoch durch seinen Felsaufbau zählt er zu den großartigsten Bergen der Alpen. Mit seinen beiden Schultern gleicht er einem Riesenvogel, der gerade seine Schwingen ausbreitet zum Flug hinauf in die Wolken.

Ganz so herrlich wie sich der Berg von der Ferne zeigt, ist er bei der Besteigung nicht. Ein gewaltiger Schuttberg, unheimlich verwitterte Bänder, zerrissene Grate und Schluchten. So erleben wir beim Anstieg einen sterbenden Berg, durch dessen finstere Wände oftmals der Steinschlag donnert. So sind am Hochvogel alle Kletterrouten steinschlaggefährdet. Nur der Normalanstieg ist sicherer. Doch müssen wir besonders auf lose Steine achten und trittsicher gehen.

Talorte:

Hinterstein – Giebelhaus – Luitpoldhaus.
Lechtal – Hinterhornbach – Bäumenheimer Weg.

Aufstieg:

Von Hinterhornbach 4 Std.
Aufstieg Richtung Fuchsensattel, dann nach links ansteigend durch das Roßkar und dann an Steilwänden über brüchiges Gelände auf dem Bäumenheimer Weg zum Gipfel. Nur für geübte Bergsteiger!

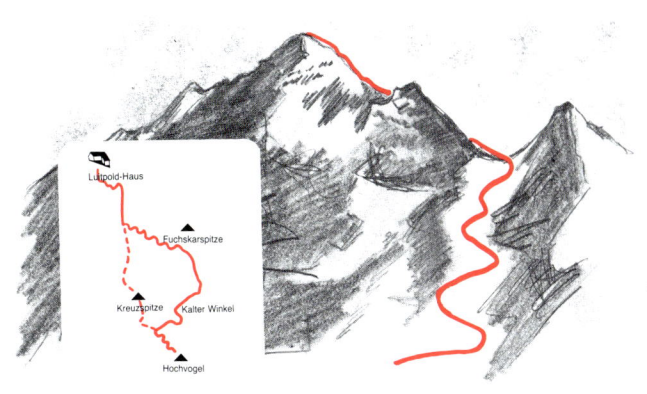

Vom Prinz-Luitpold-Haus zum Hochvogel 2½ Std.
Wir gehen von der Hütte, vorbei an einigen Wasserläufen, ins
Obere Tal und dann nach links, etwas steiler, in Kehren zur
Balkenscharte, 2651 m, 1 Std. Dann fast eben ¼ Std. zum
Sättele, wobei wir bei dessen Übersteigung die Hände etwas
brauchen. Hier sehen wir plötzlich den Hochvogel in seiner
ganzen Größe über dem Schneefeld des Kalten Winkel. Hier
Abzweigung zum Fuchsensattel und nach Hinterhornbach. Nun
Anstieg über das Schneefeld, ca. ½ Std. (Neigung ca. 28 Grad),
zur Scharte. Dann unter der Schulter, an der »Schnur« genannt,
der Weg unter einem Überhang und sodann in vielen Kehren
zum Gipfel. Ist im Spätherbst das Schneefeld vereist, steigen wir
besser beim Rückweg über die Klettersteiganlage an der Kreuzspitze. Einstieg an der Scharte über dem Kalten Winkel.

Schwarzenberghütte im Paradies, 1380 m

Sehr leicht erreichbar, auch für Kurgäste, Familien mit Kindern, jedoch feste Bergschuhe und Regenschutz, und nicht vom Weg abgehen. Von den Bushaltestellen 1 Std.

Die nette Hütte des DAV Illertissen liegt auf einer Anhöhe inmitten einer Waldlichtung, im Paradies genannt, fast 300 m höher als der Berggasthof Giebelhaus.

Talort:

Hinterstein, mit Bus, etwa jede Stunde, zum Giebelhaus. Straße für Pkw gesperrt. Zu Fuß ca. 2 Std.

Aufstieg:

An der Haltestelle nach der Hubertuskapelle aussteigen und den bezeichneten Weg nach rechts auf einem Waldweg ansteigen bis zur Hütte. Abstieg dann auf dem Weg zum Giebelhaus und Rückfahrt mit dem Bus nach Hinterstein.

Übergänge:

Edmund-Probst-Haus am Nebelhorn 3 Std. (großer Anstieg), Prinz-Luitpold-Haus am Hochvogel 3 Std. (erst Abstieg zum Giebelhaus und dann Anstieg).

Iseler, 1876 m

Leichte Bergwanderung, auch für Familien mit Kindern.
Von Oberjoch 1¾ Std., bei Benützung der Sesselbahn ¾ Std.
Von Bad Oberdorf 3 Std.

Schöner und leichter Berg hoch über dem Oberjoch, mit großartigem Blick hinunter in das Ostrach- und Retterschwanger Tal.

Talorte:

Hindelang, 825 m – Oberjoch, 1150 m. Busverbindung von Sonthofen. Dabei fahren wir über die bekannte Jochstraße mit den 105 Kurven. Auf der Kanzel halten wir am Parkplatz und haben einen ergreifenden Blick ins Ostrachtal nach Hindelang, hinaus nach Sonthofen ins Illertal, hinüber zu den Hörnern und der Nagelfluhkette vom Hochgrat bis zum Mittag. Großartig uns gegenüber der Breitenberg und die herrliche Pyramide der Rotspitze, rechts dahinter das Nebelhorn und über dem Retterschwanger Tal der Entschenkopf.

Aufstieg:

Am einfachsten mit der Iseler-Sesselbahn (im Winter ist das ein Schlepplift), zur Bergstation und in ¾ Std. in vielen Serpentinen zum Gipfel.

Von Oberjoch wandern wir auf bezeichnetem Weg zur Bergstation der Sesselbahn und dann auf dem gleichen Weg zum Gipfel.

Von Bad Oberdorf gehen wir in Richtung Luitpoldbad, über Wiesen und durch Wald, etwas anstrengend aber schattig, hinauf bis zum Iselerplatz oberhalb der Bergstation und dann den gleichen Weg wie von Oberjoch den langen, steilen Latschenhang zum Gipfel.

Als Abstieg könnte der Weg nach Hinterstein gewählt werden. Wir steigen ab zur Zipfelsalpe und den Weg teilweise neben den Wasserfällen des Zipfelsbachs zum Dorf, 2 Std.

Prinz-Luitpold-Haus

Hirschberg, 1456 m

Leichte Bergtour, auch für Familien mit größeren Kindern.
Jedoch größte Vorsicht bei Nässe und niemals den Weg verlassen. Wie schon von Hindelang und Bad Oberdorf zu sehen, sind dort enorm hohe und senkrechte Abbrüche. Schwerste und tödliche Unfälle ereigneten sich am sonst so harmlosen Hirschberg, als Touristen vom Weg abgingen und in die Steilflanken gerieten. Nicht anzuraten im Winter, Spätherbst und Frühjahr, solange noch Schnee und Vereisung am Berg möglich sind.
Von Hindelang 2 Std.

Talort:
Hindelang, 825 m.

Aufstieg:
Wir können durch die Hirschbachschlucht ansteigen und zum Gipfel gehen. Möglich wäre noch die Besteigung von Spieser und Großem Hirschberg.

Von Hindelang gehen wir ein Stück die Straße nach Gailenberg und gehen dann den bezeichneten Weg ab nach rechts und durch den Wald auf einem sehr steilen Weg in vielen Serpentinen zum Gipfel. Niemals dabei Kinder aus den Augen lassen, die Abbrüche sind oft nahe am Weg. Schon ein kleiner Ausrutscher auf dem scheinbar harmlosen Grashang genügt für einen unhaltbaren Sturz über die darunterliegenden Felsen. Die Aussicht vom Hirschberg, der eigentliche Gipfel ist erst etwas weiter oben, ist wie der Blick aus dem Flugzeug hinunter nach Hindelang und auf die Jochstraße mit ihren 105 Kurven. Wie Spielzeug so klein ist unter uns das ganze Ostrachtal. Der Blick vom Hirschberg dürfte die schönste Aussichtswarte des Ostrachtals sein.

Spieser, 1649 m

Leichte Bergwanderung, auch für Familien mit Kindern.
Von Oberjoch 2 Std.

Schöner Wanderberg mit herrlicher Flora im Frühsommer.
Wir könnten über den ganzen Höhenrücken bis zum Tiefenbacher Eck und nach Sonthofen wandern.

Talorte:
Hindelang, 825 m, Oberjoch, 1150 m.

Aufstieg:
Von Hindelang gehen wir durch den romantischen Hirschbachtobel zur bewirtschafteten Hirschalpe. Sehr beliebter Ausflug bei den Hindelanger Kurgästen. Von der Alpe 1½ Std. Beim weiteren leichten Anstieg können wir nebenbei noch den Jochschrofen, 1625 m, ersteigen und bald darauf stehen wir auf dem Spieser mit der schönen Aussicht über Oberjoch und den gegenüberliegenden Iseler.

Der leichteste Anstieg ist von Oberjoch. Wir gehen vorbei am Haus Ingeburg durch den Wald, leicht ansteigend den bezeichneten Weg zur Hirschalpe und weiter zum Gipfel. Vom Spieser aus könnte der Hirschberg erstiegen werden und dann haben wir einen sehr steilen Abstieg direkt nach Hindelang.

Als weiterer Abstieg ist der Weg nach Sonthofen denkbar. Wir gehen dabei um den Spieser westlich herum zum Sattel Am Hörnle. Teilweise gehen wir dabei über nasse und moorige Bergwiesen zum Roßkopf, 1590 m, und auf spärlichen Wegspuren weiter bis zum Tiefenbacher Eck, 1516 m, 1½ Std. vom Spieser. Beim weiteren Abstieg könnten wir vielleicht noch die Leni-Hütte besuchen und dann absteigen nach Breiten und Tiefenbach. Am »Allgäu Stern«, größte Hotelanlage im Allgäu, gehen wir vorbei nach Sonthofen.

Bergmesse beim 100jährigen Jubiläum
des Prinz-Luitpold-Hauses 1982

Hochvogel mit Kaltem Winkel

69

Imberger Horn, 1656 m

Leichte Bergwanderung, auch für Familien mit Kindern.
Auf dem Weg bleiben.
Von Bad Oberdorf und Hindelang 2½ Std.

Schöner, leichter, fast bis oben bewaldeter Berg mit prächtiger Aussicht nach Sonthofen und zum Hindelanger Klettersteig.

Talort:

Hindelang, 825 m, mit Bus von Sonthofen, mit Pkw zum Parkplatz an der Sesselbahn, Nähe Schwimmbad.

Aufstieg:

Sehr bequem mit der Sesselbahn zur Hornalpe, 1422 m, und dann nach rechts und über einen steilen Grashang, immer genau auf den Weg achtend, zum Gipfel. Ergreifend der Blick zu den Nordwänden des Daumen und Nebelhorns über dem stillen Retterschwanger Tal, wo manchmal noch die Adler ihre Kreise ziehen.

Die Bergwanderer gehen in 1 Std. vom Tal zur Hornalpe und dann auf dem gleichen Weg zum Gipfel.

Von Sonthofen nach Imberg, 950 m, mit Pkw möglich. Vom kleinen Bergdorf Richtung Straußbergalpe und über den Wiesenrücken zum Gipfel.

Oft wird von Hindelang zur Hornalpe gefahren oder gelaufen, der Gipfel erstiegen und dann der Abstieg nach Imberg gewählt. In der kleinen Kapelle ist eine Madonna des schwäbischen Meisters Hans Multscher aus dem Jahre 1465. Von hier könnten wir nach Liebenstein absteigen und die Bushaltestelle erreichen. Nach Hindelang ca. 2 km. Nahe der Straße nach Hindelang steht auf einem Felsen das Kirchlein von Liebenstein, das älteste Gotteshaus im Ostrachtal. Schöne Deckengemälde, acht spätgotische Schnitzfiguren von ca. 1460. Die Kirche wurde auf den Fundamenten einer romanischen Kapelle kleeblattartig erbaut.

Rotspitze, 2033 m

Für etwas geübte Bergsteiger, gut zu gehen, im oberen Teil Trittsicherheit notwendig.

Bad Oberdorf – Retterschwanger Tal – Häbelesgund 3 Std.

Die Rotspitze zeigt sich von Hindelang und besonders von der Jochstraße als prächtige Pyramide über dem Retterschwanger Tal. Die Aussicht besonders zum Hindelanger Klettersteig und den Nordwänden von Daumen und Nebelhorn ist ergreifend.

Talorte:
Hindelang – Bad Oberdorf – Hinterstein.

Aufstieg:
Auf dem Parkplatz zwischen Hindelang und Hinterstein, bei Bad Oberdorf lassen wir den Pkw, gehen über die Brücke und treffen auf die geteerte Alpstraße, die für Pkw gesperrt ist. Nach 1 Std. sind wir beim Horncafé. Nach einer weiteren ½ Std. gehen wir auf bezeichnetem Weg über den Steg und steigen in vielen Kehren schattig durch den Wald, 500 m Höhenunterschied, hinauf in das einsame und wildreiche Hochkar, das Häbelesgund, 1450 m. Die Alpe ist verfallen. In vielen Windungen geht nun der Weg auf den Sattel rechts von der Rotspitze. Nun über Schotter und Schrofen zum Gipfel.

Als Abstieg können wir die Tour zum Mitterhaus wählen. Vom Gipfel steigen wir Schrofen hinunter zur Haseneckalpe und auf dem Weg vom Daumen hinunter zur Alpe Mitterhaus, 1081 m. Schwindelfreie und trittsichere Bergsteiger könnten den Klettersteig »Hohe Gänge«, den Übergang von der Rotspitze zum Breitenberg überklettern. Abstieg dann leicht zurück zum Häbelesgund oder genauso leicht über Alpe Älpe nach Hinterstein.

Geißhorn, 2249 m, und Rauhhorn, 2240 m

Das Geißhorn ist leicht ersteigbar, auch für Familien mit größeren Kindern.

Wesentlich schwerer ist das Rauhhorn. Vor einigen Jahren wurde jedoch ein Drahtseil angebracht und so ist der Aufschwung zum Gipfel um einiges leichter geworden.

Anstieg für beide Berge von Hinterstein 3½ Std.

Talort:

Hinterstein, 835 m.

Anstieg:

Siehe Willersalpe.

Von der Alphütte Willersalpe, 1456 m, wo wir essen und trinken können.

Von der Hütte gehen wir auf bezeichnetem Weg leicht ansteigend, später etwas steiler, hinauf zur Vorderen Schafwanne, 2056 m. Hier teilen sich die Wege. Über den Sattel hinab führt der Jubiläumsweg. Nach links erst leicht fallend und dann ansteigend über den grasigen Osthang zum Gipfel des Geißhorn. Weit reicht der Blick in das Allgäuer Voralpenland, hinüber zu den Tannheimer Bergen und hinunter zum grünblauen Vilsalpsee.

Rauhhorn

Von der Schafwanne gehen wir nach rechts auf bezeichnetem Weg und Steigspuren um einige Felszacken und dann die schwerste Stelle kurz unter dem Gipfel, eine 4 m hohe Felswand, die unten leicht überhängt, jedoch durch eine Eisenklammer wesentlich entschärft ist. Unsichere Leute müssen an dieser Stelle angeseilt werden. Der Übergang über den langen Gipfelgrat ist nur für geübte Bergsteiger, jedoch etwas leichter als der kurze Felsanstieg zum Gipfel. Dann könnten wir über die Hintere Schafwanne absteigen zum Schrecksee, ¾ Std., und in 2½ Stunden nach Hinterstein.

Hindelanger Klettersteig ▶

Geißhorn

Rauhhorn

Willersalpe

Hinterstein

Daumen, 2280 m

Vom Nebelhorn sehr leicht ersteigbar, auch mit größeren Kindern.

Vom Retterschwanger Tal sehr lange und anstrengende Bergtour.

Nebelhorn – Daumen 2½ Std.

Bad Oberdorf – Retterschwanger Tal – Mitterhaus 5½ Std.

Von Hinterstein 4½ Std.

Der Daumen ist die höchste Erhebung der gewaltigen Mauer, die vom Nebelhorn über die Wengenköpfe mit über 4 km Luftlinie bis zum Großen Daumen reicht. Besonders gut zu sehen von Sonthofen und Immenstadt. Dieser ganze Grat mit seinen vielen Zacken, Erhebungen und Scharten ist der Hindelanger Klettersteig. So hoch und wild die Nordwand des Daumens vom Retterschwanger Tal sich zeigt, so sanft und leicht ist der Daumen von Süden. Vom Nebelhorn aus eine schöne Skitour.

Talorte:

Oberstdorf, Hindelang-Bad Oberdorf.

Aufstieg:

Von der Nebelhornbahn-Bergstation wandern oder fahren wir das kurze Stück bis zur Mittelstation der Sesselbahn. Sehr leicht können wir noch das Nebelhorn besteigen oder sogar bis zum Gipfel mit der Sesselbahn fahren. Die Gipfelhütte ist bewirtschaftet. Von der Station am Koblat wandern wir leicht absteigend über sehr steinigen Weg und später ansteigend auf leichtem Weg zum Daumen.

Von Bad Oberdorf wandern wir auf geteerter Alpstraße den langen Weg bis zum Mitterhaus, nur leicht ansteigend, 2 Std. 700 m nach der Alphütte gehen wir anfangs auf undeutlichem Pfad über die Bergwiesen und durch den Wald zur Unteren und Mittleren Haseneckalpe, 1569 m, über die Obere Haseneckalpe, 1690 m, und dann über Fels empor zur Daumenscharte. Trittsicherheit notwendig.

◄ Kaufbeurer Haus mit Urbeleskarspitze

Von der Scharte gehen wir leicht das letzte Stück bis zum Gipfel. Bei Nebel kann der Abstieg von der Daumenscharte sehr gefährlich sein. Mehrere Bergsteiger verunglückten hier tödlich.

Niemals absteigen wenn der Weg nicht gefunden werden kann. Überall sind darunter hohe, abbrechende Wände.

Anstieg von Hinterstein, 825 m.
Vom Ort gehen wir ¼ Std. Richtung Giebelhaus, überqueren die Ostrach und über Wiesen und Wald führt der Weg um den Ausläufer der Pfannenhölzer bis zur Möslealp, 1134 m, und auf dem Alpweg zu den Nickenalpen, 1803 m, und hinauf zum schmalen Sattel »Bei der Tür«. Tief unter uns ist der Engeratsgundsee. Erst durch die steile Flanke des Kleinen Daumen und dann über den Grat zum Großen Daumen. Trittsicherheit und Schwindelfreiheit nötig. Leichter ist der Anstieg vom Giebelhaus zum Engeratsgundsee, Laufbichelsee, 3½ Std.

Entschenkopf, 2043 m

Leichte Bergtour, auch für berggewohnte Familien mit größeren Kindern. Besondere Vorsicht im oberen Teil. Auf dem Grat müssen einige leichte Kletterstellen überwunden werden.

Der Entschenkopf ist ein mächtiger, breiter Berg, nördlich vor dem 180 m höheren Nebelhorn.

Besonders eindrucksvoll sehen wir den Berg von der Oberjochstraße am Talende des einsamen Retterschwanger Tales.

Talorte:
Reichenbach, Rubi, Bahnstation ist Langenwang, und Oberstdorf, 815 m.

Aufstieg:
Am Ortsende von Reichenbach, 786 m, lassen wir den Wagen stehen und gehen erst ein Stück den Alpweg zur Gaisalpe, dann nach links durch den Gaisbachtobel den bezeichneten Weg zum Berggasthaus Gaisalpe, 1149 m. Nun teilt sich der Weg, rechts könnten wir zu den Gaisalpseen und zum Nebelhorn und Rubihorn. Wir gehen nach links zum südlichen Falkenjoch, 1688 m, das links vom Entschenkopf liegt. Kurz darunter zweigt der Weg nach rechts ab und wir steigen über den Grat durch Latschen und über Schrofen, weiter oben leichte Kletterei, bis zum Gipfel mit prächtiger Aussicht ins Illertal und zur Nebelhorn-Nordwand.

Als Abstieg könnte der lange Gipfelgrat überwandert werden. Kurz oberhalb dem »Gängele«, das ist der Sattel zwischen Nebelhorn und Entschenkopf, der Übergang vom Gaisalptal in das Retterschwanger Tal mit dem sehr langen Marsch hinaus nach Hindelang, wird der Abstieg etwas steiler. Wir können nach rechts ausweichen und über Fels und steile Schrofen sehr vorsichtig zum Oberen Gaisalpsee absteigen.

Höfats vom Laufbacher Eck

Rubihorn, 1957 m

Im oberen Teil etwas Trittsicherheit nötig, Vorsicht auch mit größeren Kindern geboten. Nicht vom Weg abgehen!
Tagestour mit einem Höhenunterschied von 1200 m.
Von Rubi, Reichenbach oder Oberstdorf 3½ Std.

Besonders eindrucksvoll zeigt sich der Berg vom Illertal zwischen Sonthofen, Altstädten, Schöllang und Rubi mit seiner hohen Nordflanke. Der Gipfel ist verhältnismäßig leicht, aber etwas anstrengend zu erreichen. Die Aussicht ist besonders schön ins Kleine Walsertal und direkt unter uns ist Oberstdorf.

Talorte:
Reichenbach, Rubi, Bahnstation ist Langenwang.
Oberstdorf.

Anstieg:
Von Reichenbach oder von Rubi, 786 m, zur Gaisalpe auf leichtem Fahrweg, 1½ Std.

Besondes schön ist der Weg von Oberstdorf. Wir stellen den Pkw in der Nähe der Nebelhornbahn auf den Parkplatz und wandern in Richtung Café Breitenberg und auf dem Wallraffweg quer unter dem Rubihorn nach links bis zur Gaisalpe (Berggasthof). Nun auf gutem Bergweg zum Unteren Gaisalpsee, und danach nach rechts ansteigend, sehr sonnig, hinauf zum Sattel und über die Flanke zum Gipfel.

Von Oberstdorf Wanderung leicht zur Seealpe, oder Auffahrt mit der Nebelhornbahn bis zur Seealpe, dann Anstieg über Weideflächen bis zu einem Jagdsteig und auf vielen Serpentinen hinauf bis zum Sattel und dann nach links durch Latschen, bis der Weg aus dem Gaisbachtal heraufkommt, und dann die Flanke zum Gipfel. Das wäre auch als Abstieg nach Oberstdorf möglich, wenn wir nicht wieder über die Gaisalpe absteigen möchten.

Höfats 2258

Ihorn 2224

Nebelhornbahn

Rubihorn 1957

Gaisalpseen
1509

Gaisalpe

Oberstdorf

Reichenbach

Schöllange

Burg

Schöllang

Nebelhorn – Wengenalpe – Giebelhaus

Leichte Bergwanderung, auch für Familien mit Kindern.
2½ Std. vom Nebelhorn.
Bei Benützung der Nebelhornbahn brauchen wir nur noch abwärts steigen.

Talorte:
Oberstdorf, 815 m, Hinterstein, 865 m.

Anstieg:

Am einfachsten, besonders empfehlenswert mit Kindern, ist die Auffahrt mit der Nebelhornbahn. Zu Fuß steigen wir entweder den normalen Anstieg von der Talstation zur Seealpe, 1275 m, und hinauf zur Bergstation, das ist der einfachste und sicherste Weg. Oder wir gehen über den Wallraffweg zur Gaisalpe und über die Gaisalpseen zum Nebelhorn. Der Weg ist eine Stunde weiter, jedoch landschaftlich recht schön. Etwas steil und anstrengend ist der Gleitweg vom Oytal zum Seealpsee und Nebelhorn.
Von der DAV-Hütte Edmund-Probst-Haus steigen wir hinauf zum Sattel und gehen den markierten Weg zur Oberen Wengenalpe, 1833 m, auf einigen Serpentinen hinunter. Der Weg führt nun weiter hinunter über Weideböden zur Unteren Wengenalpe, 1280 m. Rechts über uns erhebt sich mächtig der Giebel, 1948 m, ein selten besuchter Grasberg. Im Talgrund gehen wir nun fast 2 km entlang dem Obertalbach bis zur Alphütte Engeratsgundhof, 1156 m. Nun gehen wir noch etwa 1 km auf dem geteerten Alpweg zum nahen Giebelhaus, 1107 m. Im gemütlichen Berggasthof können wir rasten und auf den nächsten Bus warten, der uns nach Hinterstein hinaus bringt. Die Kleinbusse fahren etwa jede Stunde.
Natürlich können wir das schöne Ostrachtal auch hinauswandern. Jedoch brauchen wir dazu fast 2 Std., bis wir Hinterstein erreichen. Dazu ist die Busfahrt dann zurück nach Oberstdorf etwas umständlich und lange.

Im Wank
1451

Jengenkopf
estl. 2235

östl.
2206

Koblat

Hindelang

Langenfeld-H.
1501

Hotel
1929

Doismen-A.
1679

Probst-H.

Zeiger
1994

Obere Wengenalpe
1832

Bach-H.

Laufbichl-A.

Untere Wengenalpe
1280

Obertal

Großer
Seekopf
2084

Kleiner

Plättele

Schochen
2100

Lachenkopf
2111

Höfats

Westgipfel, 2257 m, Zweiter Gipfel, 2259 m,
Mittelgipfel, 2257 m, Ostgipfel, 2259 m.
Nur für absolut trittsichere Bergsteiger bei trockenem Wetter.
Vom Oytalhaus 3½ Std. zum Ostgipfel.
Von Oberstdorf nach Gerstruben 1½ Std.
Gerstruben – Westgipfel 3¼ Std.

Die viergipflige Höfats ist der schönste, aber auch gefährlichste Gras- und Blumenberg der ganzen Ostalpen. Wie ein gotischer Dom mit vier Türmen, so ragt dieser einmalige Berg zum Himmel. Herrlich, wenn am Morgen die Sonne auf die steilen, manchmal senkrechten Graswände scheint und die messerscharfen Grate sich abheben. Unheimlich und drohend der Berg bei düsterem Wetter.

Der Dolomiten-Kletterer fühlt sich hier oft nicht wohl.
Der Berghirte und Jäger aber steigt sicher durch die steilsten Bergflanken.

Talort:

Oberstdorf – Oytalhaus ¾ Std., Stellwagen, Fahrrad, Taxi.
Oberstdorf – Gerstruben 1½ Std. Pkw bis zum Parkplatz am Renksteg, dann ein Stück Richtung Spielmannsau und dann auf schattigem Weg nach links hinauf zum schönen alten Bergdorf mit Gasthaus.

Aufstieg:

Von Gerstruben, 1154 m, gehen wir zur Gerstrubener Alpe, 1219 m, und bald danach sehen wir links den Inneren Höfatstobel, ½ Std. Über einen begrünten Kegel gehen wir auf dem ausgetretenen Steig zu einem Tobel und über steile Grashänge, Wald und kleine Felsstufen in fast immer gleicher Steilheit den Pfad hinauf zur Gufel, eine schräge Hornsteinhöhle.

Davor, auf dem einzigen ebenen Plätzchen an der Höfats, steht die Biwakschachtel. Seit 1935 ist hier oben, früher noch im Zelt,

die Bergwacht den Sommer über Tag und Nacht und behütet das Edelweiß, die schönste Blume der Berge. Recht steil steigen wir nun bis zur Scharte und dann nach links den Grat zum Westgipfel.

Vom Oytalhaus, 1010 m, gehen wir den leichten Weg bis zur Käseralpe, 1405 m. Eine Stunde später stehen wir auf dem Älpele-Sattel, 1776 m. Vor uns sehen wir den steilen Grat zum Ostgipfel, wo der Weg hinaufführt. Der Pfad ist fast zu einem Graben ausgetreten, der bei Nässe jedoch sehr rutschig wird. 480 m hoch bis zum Gipfel. Die letzten 30 m sind so schmal, daß wir unterhalb gehen und uns am Grat festhalten. Sehr ausgesetzt. Die Überschreitung der vier Gipfel ist überaus luftig und nur für geübte Bergsteiger mit Seil. Meist gehen wir vom Westgipfel, wobei wir zweimal fast 30 m in die Scharten abklettern. Die Höfatsscharte in der Mitte ist 50 m tief. Die Gipfel selbst sind nur schmale, etwa 20 m lange Gratschneiden.

Umwanderung der Höfats

Für ausdauernde und etwas geübte Bergsteiger eine landschaftlich einmalige Bergtour.

Bis zur Käseralpe sehr leichte Wanderung. Von Oberstdorf ins Oytal zum Älpelesattel, Abstieg zur Dietersbachalpe, Gerstrubener Alpe, Gerstruben, Oberstdorf 6 Std.

Diese Bergtour ist zwar anstrengend, bietet uns jedoch eine Fülle von großartigen Eindrücken. Sie führt uns ins Reich der Allgäuer Grasberge, wie sie sonst derartig kaum in den Alpen zu finden sind.

Talort:

Oberstdorf, 815 m.

Früh am Morgen gehen wir den Weg in das Oytal zum Oytalhaus. Entweder auf der Straße, die an den Schattenbergschanzen vorbeiführt, oder den Weg entlang der Trettach. Beide Wege treffen sich vor dem Berggasthof, ¾ Std. Nun wandern wir taleinwärts mit dem großzügigen Blick zum Schneck links. Rechts erheben sich unheimlich die Graswände der Höfats über dem Rauhenhalstobel. In der Mitte sehen wir die Dolomitfelsen der Wildengruppe. Zum Himmelhorn und Schneck steigt 900 m hoch der schmale und überaus schwierige Rädlergrat. Donnernd stürzt der Stuibenfall, neben dem Weg, hoch über die Felsen herunter. Nach 3 Std. leichter Wanderung sind wir bei der Käseralpe. Besonders schöner Ausflug bis hier und auf gleichem Weg wieder zurück für Familien mit Kindern. Von der Käseralpe gehen wir noch eine Stunde bis zum Älpelesattel, 1776 m. Von hier sehen wir den Anstieg zum Ostgipfel der Höfats, 2259 m. Nach links führt der Weg zum Rauheck, 2384 m. Wir steigen nun recht steil ¾ Std. zur Dietersbachalpe 1330 m, hinunter, das ist der anstrengendste Teil der Tour, besonders wenn wir den Weg von Gerstruben her machen würden. Fast eben gehen wir nun hinaus zur Gerstrubener Alpe und nach Gerstruben mit den schönen, unbewohnten Bergbauernhäusern. Auf dem Sträßlein oder durch den Hölltobel nach Oberstdorf.

Hahnenkopf, 1736 m

Leichte, aber steile Wanderung, auch für Familien mit größeren Kindern. Immer auf dem bezeichneten und sicheren Weg bleiben.

Oberstdorf – Oytalhaus 1 Std.
Oytalhaus – Hahnenkopf 2 Std.
Hahnenkopf – Gerstruben 1½ Std.
Gerstruben – Oberstdorf 1½ Std.

Eine schöne Bergwanderung vom Oytal ins Trettachtal. Vom Hahnenkopf sehen wir hinüber zu den wilden Abstürzen der Seewände und begreifen sehr schnell, warum hier keiner durchkommen kann. Wir sehen den sehr steilen, aber sicheren Gleitweg daneben, der uns vom Seealpsee zum Oytal führt.

Talort: Oberstdorf, 815 m.

Aufstieg:

Von Oberstdorf wandern wir ins Oytal. Entweder wir gehen auf dem Fahrweg. Da könnten wir auch mit dem Pferdewagen fahren, Fahrpreis ca. 10,– DM. Oder wir gehen vom Nebelhorn-Parkplatz rechts von der Mühlenbrücke im schattigen Wald zum Café Jägerstand, dann über die Trettach und auf dem »Hohenadl-Weg« zum Oytalhaus, 1006 m. Nach 100 m führt der bezeichnete Weg nach rechts und steil durch den Wald zur Unteren Lugen-Alpe, 1414 m, und weiter zur Oberen Lugen-Alpe, 1566 m. Der Weg führt weiter durch einen herrlichen bunten Bergblumengarten bis zum Sattel, von wo wir in 20 Minuten den Gipfel des Hahnenkopf besteigen können. Wir gehen nun das kleine Stück zurück, und auf dem markierten Weg hinunter zum verfallenen Gerstrubner Älpele, 1517 m, und auf vielen Serpentinen nach Gerstruben, dem unbewohnten, alten, überaus sehenswerten Bergdorf. Am Rande ist ein kleines Gasthaus, wo wir uns für den Weiterweg auf dem Alpweg, oder durch den wilden Hölltobel noch etwas stärken können. Rechts neben der Trettach wandern wir hinaus nach Gruben und zurück nach Oberstdorf.

Rappenseehütte am Heilbronner Weg, 2091 m

Guter, aber etwas anstrengender Weg von Einödsbach, 3 Std. Die DAV-Hütte der Sektion Kempten liegt sehr schön auf der grünen Anhöhe nahe dem kleinen und großen Rappensee. Unvergeßlich die oftmals zauberhaften Sonnenuntergänge am großen Rappensee mit dem Blick zum Widderstein, der Mindelheimer Hütte und zu den Walsertaler Bergen. Die Hütte wurde im Jahre 1885 erbaut und mehrmals erweitert. Auf 400 Lagern finden die Bergsteiger Platz. Oftmals wird die Hütte als Ausgangspunkt für den Heilbronner Weg genommen. Besonders empfehlenswert die Besteigung der Berge rings um die Hütte wie Rappenseekopf und Hochrappenkopf. Sehr lohnend die Besteigung des Biberkopfs für geübte Bergsteiger.

Talort:

Einödsbach, 1114 m. Mit dem Pkw von Oberstdorf bis zur Fellhornbahn. Sehr lohnend ist dabei die Auffahrt zur Skiflugschanze. Vom Anlaufturm schöner Blick zum Freibergsee. Vom Parkplatz wandern wir in 1 Std. nach Einödsbach. Ab Busbahnhof in Oberstdorf fährt stündlich ein Bus bis Birgsau. Fahrradverleih in Oberstdorf. Für Pkw ist die Straße gesperrt. Das Taxi kann nach Einödsbach fahren, jedoch nur in der Zeit von 18–8 Uhr.

Anstieg:

Vom Berggasthof Einödsbach erst leicht ansteigend, dann eben weiter und wieder ansteigend nahe der Petersalp in weiten Kehren zur Ausflugsgaststätte Enzianhütte, ca. 2 Std. (Übernachtungsmöglichkeit), 1710 m. Dann gehen wir weiter, einige Rinnen querend, auf den nächsten Sattel und haben noch einen Anstieg von 200 Höhenmetern zur Rappenseehütte.

Winterweg nur für geübte Skibergsteiger über Birgsau – Schwarze Hütte (Materialseilbahn).

Von Lechleiten unter dem Biberkopf durch den Mutzentobel, 2½ Std.

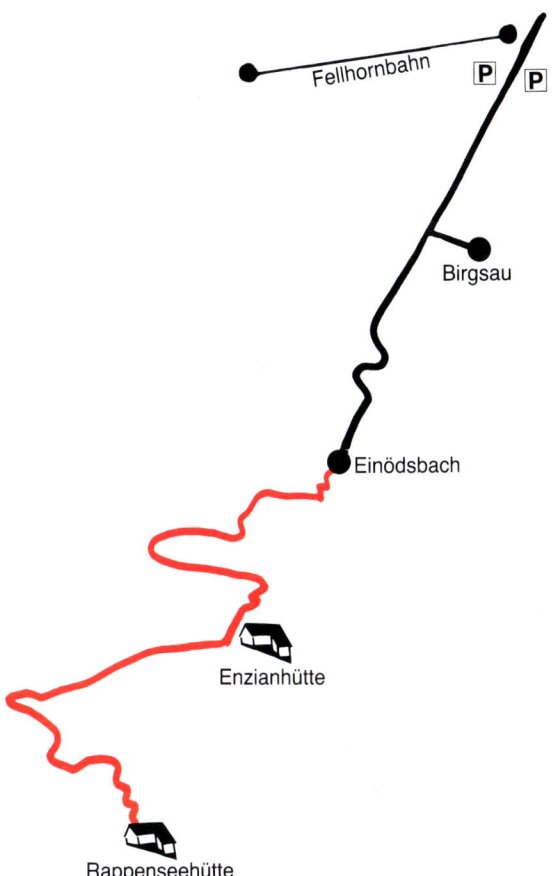

Fellhornbahn

P P

Birgsau

Einödsbach

Enzianhütte

Rappenseehütte

Biberkopf, 2600 m

Nur für etwas geübte Bergsteiger.
Von der Rappenseehütte 2½ Std.,
von Lechleiten 3 Std.

Als markante Felsgestalt sehen wir vom Allgäuer Voralpenland den südlichsten Berg Deutschlands zwischen dem Hohen Licht links und dem Widderstein rechts. Besonders schön und elegant sehen wir den herrlichen Berg mit seinen plattigen Felswänden von der Straße zwischen Warth und Hochkrumbach aus.

Talorte:

Lechleiten, 1539 m. Anfahrt über das Lechtal von Reutte oder durch den Bregenzerwald – Hochtannbergpaß – Warth.
Einödsbach, 1114 m – Rappenseehütte – Übernachtung.

Anstieg:

Von der Rappenseehütte gehen wir leicht auf den Sattel am Hochrappenkopf, 2424 m, dessen Gipfel wir nebenbei in 20 Minuten unschwer besteigen können. Links vom Sattel ist der Rappenseekopf, 2467 m, der auch in etwa 20 Minuten erreicht werden könnte. Vom Sattel kommen wir bald zum zackigen Nordostgrat, der für geübte Kletterer im III. bis IV. Schwierigkeitsgrad in 2½ Stunden überklettert wird. Wir müssen nun leider etwa 100 m steil auf bezeichnetem Weg absteigen bis zu den Schuttfeldern und dann um die Felsrippe und in Serpentinen wieder ansteigend bis hinauf zu einem schrägen Schuttband, das zum Nordwestgrat hinaufführt. Dabei treffen wir auf den Weg von Lechleiten. An zum Teil drahtseilgesicherten, steilen Schichtplatten und Rinnen, nur wenig schwierig, erst auf den Grat, dann etwas links zum Gipfel mit seiner bekannt einmaligen Aussicht. Der Berg steht völlig allein und so sehen wir tief in die enge Schlucht des Lechs und über die Lechtaler Alpen.

Anstieg von Lechleiten. Den Pkw lassen wir entweder unten auf dem Parkplatz an der Straße nach Warth oder wir fahren auf

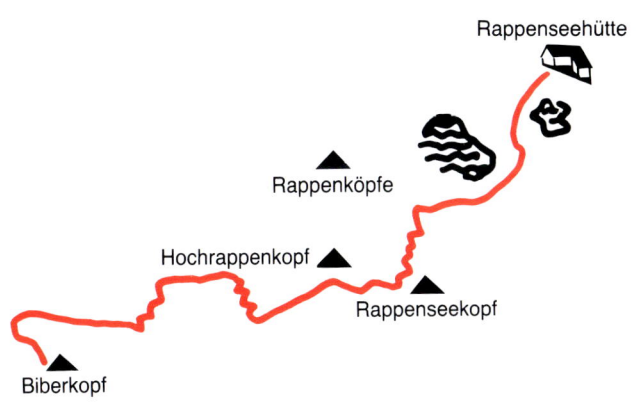

Rappenseehütte

Rappenköpfe

Hochrappenkopf

Rappenseekopf

Biberkopf

schmaler, aber guter Straße das kurze Stück bis nach Lechleiten. Dann steigen wir auf markiertem Weg über steile Grashänge, vorbei an Heuhütten und einem kleinen See bis hinauf zum Grat, der immer steiler und schmäler wird, bis das Steiglein etwas unterhalb nach links ausweicht. Teilweise mit Drahtseil gesichert und auf einer kurzen Leiter kommen wir dann an die Stelle, wo von links unten der Weg von der Rappenseehütte heraufkommt.

Der Berg gilt als nicht so sehr überlaufen. Nur einmal, Mitte September, kommen jedes Jahr bis zu 400 Bergsteiger zum Biberkopf, wenn dort oben auf der hohen Warte die Bergsteiger der DAV-Ortsgruppe Obergünzburg die Bergmesse für ihre verunglückten Bergkameraden abhalten.

Waltenberger Haus an der Mädelegabel, 2081 m

Schöner, aber recht anstrengender Weg durch das Bacherloch.
200 m drahtseilgesichert an Felswand entlang. 3 Std.

Hoch über Einödsbach, auf einem steilen Grashang, steht wie
ein Schwalbennest die als erste Hütte im Allgäuer Hochgebirge
1875 erbaute kleine DAV-Hütte der Sektion Allgäu-Immenstadt.
Gleich über der Hütte erheben sich die steilen »Berge der Guten
Hoffnung«, die kühne Trettach, die gewaltige Mädelegabelgruppe und die Berge des Heilbronner Weges.

Talort:

Oberstdorf-Einödsbach, der südlichste Ort Deutschlands,
1114 m.

Mit dem Auto von Oberstdorf bis zum Parkplatz an der Fellhornbahn. Dann zu Fuß in 1 Std. nach Einödsbach. Wer später über
die Kemptner Hütte absteigt, läßt sein Auto auf dem Parkplatz am
Renksteg und fährt weiter mit dem Bus. Ab Busbahnhof Oberstdorf fährt stündlich ein Bus bis Birgsau. Zu Fuß von Oberstdorf
bis Einödsbach 2½ bis 3 Std. Taxi nur in der Zeit von 18–8 Uhr.

Aufstieg:

Von Einödsbach die Stufen neben der Kapelle zu einem Bauern-
haus empor. Dann gehen wir auf bezeichnetem, gutem Bergweg, leicht ansteigend, in das überaus eindrucksvolle Bacherloch mit großartigem Blick zur Trettach. Nach ca. 1½ Stunden,
fast am Talschluß, in einigen Kehren nach links zum gut gesicherten »Wändle«. Danach sehen wir bald über den Grashängen
die Hütte. Zugang im Winter äußerst lawinengefährlich, deshalb
kein Winterraum.

Übergänge:

Heilbronner Weg – Rappenseehütte 4 Std.
Kemptner Hütte 3 Std.

Kemptner Hütte am Heilbronner Weg, 1846 m

Bei Trockenheit guter, bei Nässe etwas anstrengender und rutschiger Weg durch den wilden Sperrbachtobel.
Von Spielmannsau 2½ Std.
Die 1891 von der DAV-Sektion Kempten erbaute Hütte steht auf dem Mädelejoch unter dem Kratzer. Natürlich kann auch von hier der Heilbronner Weg begangen werden. Die Hütte ist Stützpunkt für den Fernwanderweg E 5 von Oberstdorf nach Meran.

Talort:

Oberstdorf-Spielmannsau.
Für Pkw gesperrt, mit dem Taxi nur in der Zeit zwischen 18 und 8 Uhr.
Romantisch ist die Fahrt mit dem Stellwagen, einem Pferdewagen von Oberstdorf, die auch in alle anderen Täler fahren.
Fahrradverleih in Oberstdorf. Zu Fuß 8 km, ca. 1¾ Std.

Anstieg:

Von Spielmannsau, 991 m, vorbei an einer Alphütte und später der Materialseilbahn, gehen wir erst durch den Wald, dann über den Sperrbach, vorbei an Marterln, die errichtet wurden zum Andenken an verunglückte Oberstdorfer, die von Lawinen in die Tiefe gerissen wurden. Der Sperrbachtobel gilt als die wildeste Lawinenschlucht im Allgäu. Oft ist der Anstiegsweg noch vom Schnee überdeckt, der oft nur im warmen Sommer schmilzt. Vorbei an nassen Felswänden steigt der Weg langsam zur Höhe. Vor uns immer der Muttler, 2366 m, der leicht von der Hütte aus erreichbare Berg. Bald sehen wir dann rechts oben die gastliche Hütte.

Übergänge:

Heilbronner Weg – Rappenseehütte 6½ Std., Hermann-von-Barth-Hütte 4½ Std., Luitpold-Haus 8 Std.

Großer Krottenkopf, 2657 m

Die Besteigung des höchsten Allgäuer Berges ist für etwas geübte Bergsteiger, und bei Vorsicht auch mit größeren Kindern, leicht.

Von der Kemptner Hütte 2½ Std.

Der Große Krottenkopf ist zwar über der Grenze, also schon in Österreich, das Allgäu hat jedoch keine festen Grenzen und ist nur ein geographischer Begriff, zu dem auch die Hornbachkette noch zählt.

Eine ausgedehnte Rundschau über die Allgäuer Alpen und die Berge Tirols lohnen die Mühe des Aufstieges. Tief unter uns, 441 m unter dem Gipfel, sehen wir den kleinen grünblauen Hermannskarsee.

Talorte:

Oberstdorf, 815 m, Spielmannsau, 1000 m.

Aufstieg:

Von Spielmannsau gehen wir durch den Sperrbachtobel (siehe Kemptner Hütte).

Von der Kemptner Hütte gehen wir zum östlichen Mädelejoch, 2033 m. Vorher teilen sich die Wege, links zum Prinz-Luitpold-Haus und rechts zum Heilbronner Weg. Vom Sattel sehen wir schon den Anstieg zur Krottenkopfscharte, 2350 m. Auf vielen Kehren gehen wir den Schutthang 300 Höhenmeter in 1 Std. hinauf. Wer spät losging, der muß nun in der Sonne gehen. Rechts von der Scharte ist der Ramstallkopf, 2535 m. Wir gehen nun den breiten Schuttrücken in ¾ Std. hinauf zum Gipfel mit dem mächtigen Gipfelkreuz. Nur im oberen Teil müssen wir gelegentlich etwas die Hände gebrauchen. Bei Kletterern ist der Nordgrat sehr beliebt. Zum Einstieg quert man unter dem Muttler hinüber zur Hermannskarscharte. Die Iller-Klettertour führt teilweise über brüchige und steinschlaggefährdete Wandteile.

Rappenseehütte

Edmund-Probst-Haus am Nebelhorn, 1920 m

Auffahrt mit der Nebelhornbahn. Leichtester Anstieg entlang der Seilbahn von Oberstdorf über die Seealpe, 3 Std.

Sehr schöner Anstieg über den Wallraffweg über die Gaisalpseen, 3½ Std. Wege für Familien mit größeren Kindern geeignet. Das 1890 von der Sektion Allgäu-Immenstadt erbaute Haus steht direkt neben der Bergstation der Nebelhornbahn und ist auch im Winter geöffnet. Anstieg zum Nebelhorn leicht, ½ Std. Auch Auffahrt mit der Sesselbahn möglich.

Talort:

Oberstdorf. Auffahrt ab ca. 8 Uhr mit der Nebelhornbahn. Umsteigen in der Station Seealpe. Längste Kabinenbahn Deutschlands.

Anstieg:

Vorbei am Eislaufzentrum auf gutem Weg zur Seealpe und weiter über den Latschenhang zum Edmund-Probst-Haus.

Besonders schön ist der etwas längere Weg über die Gaisalpe. Oberhalb der Talstation gehen wir über Wiesen und Waldwege unter dem Rubihorn ganz nach links und erreichen nach 1½ Std. den Berggasthof Gaisalpe, wo wir dann über zwei hohe Stufen die beiden Gaisalpseen erreichen, 1509 und 1769 m. Dann auf den Sattel und in Kehren zum »Kleinen Gund« und zur Hütte. Vom Sattel können wir auch direkt zum Nebelhorn aufsteigen, wobei wir erst etwas absteigen, bis sich die Wege teilen. Niemals, besonders bei Nebel, vom Weg abweichen.

Anstieg vom Oytalhaus 2½ Std., erst einige hundert Meter taleinwärts, dann nach links, erst über leichte, später über sehr steile Grashänge nach oben zum 1628 m hoch gelegenen Seealpsee, der 42 m tief ist. Dann ein wesentlich leichterer Weg bis zum Nebelhornhaus.

Beim Abstieg Vorsicht auf diesem Gleitweg zum Oytal. Nicht für kleine Kinder und unsichere Leute! Niemals direkt vom See absteigen, höchste Lebensgefahr!

alpe
9

1850
Am Gängele

Im Wank
1451

Wengenkopf
westl. 2235

horn
57

Gaisalpsee

Nebelhorn
2224

Geißalphorn
1953

*Oberer
Gaisalpsee*

Gundkopf
2062

Gaisfuß
1980

Hotel
1929

E.-Probst-H.

Geiß-A.

Zeiger
1994

Hüttenkopf

Nebelhornbahn

Seealp-See

247

OBERBACHER
8370 REGEN

Oytal

Oytal-H.

(H) = Bushaltestelle

Im Wank
1451

Wengenkopf
westl. 2235   östl.
2206

Koblat

Nebelhorn
2224

Doism
167

Hotel
1929

E.-Probst-H

Geiß-A.

Zeiger
1904

Obere Wengenalpe
1832

Bach-H

Untere Wenge
280

Hüttenkopf

Großer
Seekopf
2084

Kleiner

Seealp-See

Schochen
2100

Lachen
2111

Oytal-H.

Hindelang

Nebelhorn – Laufbacher Eck – Oytal

Gehzeit 7–8 Std.

Möglichst nur bei trockenem Wetter, bei Vorsicht auch mit größeren Kindern möglich. Niemals vom Weg abgehen, sehr gefährliche Grashänge. Erst nach der Schneeschmelze im Juli begehbar. Auffahrt oder Anstieg zum Nebelhorn siehe Edmund-Probst-Haus. Wer die Tour an einem Tag macht, sollte möglichst bald mit der Seilbahn zum Nebelhorn auffahren. Nach wenigen Minuten stehen wir auf dem Sattel und sehen unter uns den blauen Seealpsee. Wird das Wetter schlechter, so müssen wir zurückgehen oder den sehr steilen, aber sicheren Gleitweg ins Oytal hinunter gehen. Wer bis zum See absteigt, der muß die 100 m wieder zurück zum Weg gehen, ein Abstieg direkt vom See ist fast ein Selbstmord.

Bei gutem Wetter gehen wir oben weiter, fast eben an den Berghängen entlang. Ist der Weg naß, so müssen wir besondere Vorsicht walten lassen, denn die Hänge sind so steil, daß ein kleiner Ausrutscher schon zum Absturz führen kann. An einer Stelle gehen wir gesichert die 20 m an der Felswand entlang. Nun ein Anstieg zum Laufbacher Eck, 2177 m, von ½ Std. Drüben gehen wir wieder hinunter und den bezeichneten Weg weiter unter der Schneck-Ostwand, ein Weg zweigt ab zum Prinz-Luitpold-Haus, 2 Std. Wir gehen nun nochmals ½ Std. bergan zum Himmeleck-Sattel, 2001 m, dem wohl schönsten Platz des ganzen Weges. Vielleicht ersteigen wir den Schneck, 2268 m. Bis zum Vorgipfel, dem Himmeleck, 2268 m, gelangen wir in ½ Std. harmlos. Da sollten die meisten bleiben, denn der Übergang ist derart schmal, daß nur die allerwenigsten diesen aufrecht gehen können und der Rückweg ist noch schwerer. Vom Himmeleck-Sattel geht's nur noch bergab. Der einstige sehr steile Weg zum Geißbachtobel hinunter ist verfallen und nicht mehr begehbar. Wir wandern also zum Wildenfeldhüttchen, 1694 m, und hinunter zur Käseralpe, 1405 m, wo wir einkehren können und gehen dann am Stuibenfall vorbei den Fahrweg zum Oytalhaus und nach Oberstdorf.

Fellhorn – Söllereck – Freibergsee

Leichte Bergwanderung, auch für Familien mit größeren Kindern. 2½ Std. bis zum Schönblick, Gesamtzeit 4½ Std.

Nach der Auffahrt mit der Fellhornbahn haben wir eine schöne Bergtour abwärts vor uns. Einmalig ist dabei die Flora. Der Blick zum Heilbronner Weg mit der Mädelegabelgruppe ist überwältigend. Wir bleiben dabei immer auf dem schmalen Grat und weichen keinesfalls vom Weg ab. Vorsicht bei Nässe.

Talort:

Oberstdorf, 815 m. Wir fahren mit dem Pkw oder dem Bus von Oberstdorf bis zur Fellhornbahn-Talstation, 904 m.

Wanderung:

Von der Bergstation können wir mit der Gipfelbahn noch bis fast unter den Gipfel fahren, oder wir steigen das Stück in ½ Std. zu Fuß hinauf. Vom 2307 m hohen Berg gehen wir auf dem Grat leicht bergab und steigen wieder an zum Schlappoldkopf, 1928 m, und zum nahen Söllerkopf, 1925 m. Weiter führt der Grat bis zum Söllereck, 1706 m. Nun steigen wir auf dem bezeichneten Weg hinunter zum Berggasthof Schönblick, 1340 m. Dort befindet sich die Bergstation der Söllereckbahn. Wir können nun direkt zum herrlich im Wald gelegenen Freibergsee, 928 m, absteigen. Lohnend ist die Auffahrt mit dem Schrägaufzug zum 75 m hohen Anlaufturm der Skiflugschanze. Großartig ist von dort oben der Blick zum grünblauen Freibergsee. Wir bewundern den Mut der Skiflieger, die von dort oben starten. Ein schattiger Weg führt vom Freibergsee zum Berggasthof Bergkristall und am Stillachhaus vorbei nach Oberstdorf. Oder wir gehen über Schwand zurück zur Fellhornbahn-Talstation.

Vom Kleinen Walsertal nach Hindelang

Landschaftlich einmalige Bergtour, die uns über den Allgäuer Hauptkamm ca. 60 km von Hütte zu Hütte führt.

Wenigstens eine gute Woche sollten wir dazu Zeit haben, lieber einige Tage länger, als die Tour in Hast und Hetze zurücklegen. Besonders schön sind meist die unbekannten leichten Berge rings um die DAV-Hütten. So sollten wir zumindest auf einigen Hütten einen weiteren Tag verweilen. Zudem kann keiner sagen wie das Wetter nach einigen Tagen sein wird. So sind wir manchmal gezwungen, auf einer Hütte zu bleiben. Die Wege sind derartig lange und hochalpin, daß es unverantwortlich wäre, bei unsicherem Wetter auf die große Tour zur nächsten Hütte zu gehen. Die Route verläuft fast immer in 2000 m Höhe, die tiefste Stelle ist immerhin noch 1500 m hoch. Mitten im Sommer kann Schnee fallen. Durch das lange Steigen im Schnee sind auf diesen langen Wegen schon mehrere Bergsteiger derartig entkräftet worden, daß sie nicht weiter konnten und erfroren sind.

Die Tour könnte genauso in umgekehrter Richtung gemacht werden. Ich habe hier im Walsertal bzw. Oberstdorf begonnen, da viele Bergsteiger den ersten Anstieg mit einer der Seilbahnen machen und so von der Kanzelwandbahn oder Fellhornbahn die Fiderepaßhütte in 2 Std. erreichen können.

1. Tag:

Oberstdorf – Söllereckbahn – Fellhorn – Fiderepaßhütte, 4 Std.

Mit dem Bus fahren wir bis zur Söllereckbahn, die uns zum Schönblick hinaufbringt. Nun gehen wir den guten Weg hinauf zum Söllereck, 1706 m, und Schlappoldkopf, 1966 m, und wandern über den herrlichen Grat durch ein prächtiges Bergblumengebiet zum Fellhorn, 2037 m. Vor uns sehen wir die Kanzelwand und gehen links um den Warmatsgundkopf zur Fiderepaßhütte, 2070 m.

◄ Kemptner Hütte

106

Mindelheimer Hütte ▲

Hermann-von-Barth-Hütte ▼

Fiderepaßhütte, 2070 m –
Mindelheimer Hütte, 2058 m

2. Tag:

Gehzeit 2½ Std. Heute haben wir einen sehr leichten oder einen überaus schweren Tag vor uns. Schwer wird der Tag, wenn wir uns über den Mindelheimer Klettersteig wagen. Der Steig ist sehr gut gesichert, jedoch sollten wir 4 Std. rechnen für den überaus luftigen Gang mit 300 Eisenbügeln, Brücken und hohen senkrechten Leitern über die drei Schafalpköpfe. (Siehe Mindelheimer Klettersteig).

Leicht ist der Tag, wenn wir uns entschließen, den normalen Weg auf der Südseite zu gehen. Der Gang ist harmlos und gut markiert, so daß wir viel Zeit haben, die grandiose Bergwelt uns gegenüber in aller Ruhe anzuschauen. Der ganze Heilbronner Weg vom Hohen Licht bis zur Mädelegabel ist zu sehen. Übermorgen werden wir dort drüben über die Gipfel steigen. Der Höhepunkt und die höchsten Gipfel unserer ganzen langen Wanderung.

Wir gehen von der Fiderepaßhütte in die Scharte wo der Klettersteig beginnt und wandern nun hinab in das Saubuckelkar, wo wir auf den Krumbacher Höhenweg treffen. Er führt von Birgsau über den Guggersee zur Mindelheimer Hütte. Unter den Felswänden gehen wir über Alpweiden dann wieder leicht bergansteigend hinauf zur sehr schön gelegenen Mindelheimer Hütte. Wer mit der Seilbahn gekommen ist, kann die Hütte auch an einem Tag erreichen. Beachten wir bei unserer Tour: durch den Mindelheimer Klettersteig sind die beiden Hütten über das Wochenende meist recht gut besucht. Legen wir unsere Tour so, daß wir nicht gerade da auch noch hineindrängen, sondern möglichst während der Woche da oben ankommen. Besonders schön sind die Abendstunden, wenn wir vor der Hütte stehen und drüben im letzten Leuchten das Hohe Licht sehen. Bei etwas Glück können wir in dem Gebiet der Mindelheimer Hütte Steinböcke beobachten.

Mindelheimer Hütte, 2058 m –
Rappenseehütte, 2091 m

<u>3. Tag:</u>

Gehzeit 5 bis 7 Std.

Wir haben zwei Möglichkeiten: entweder wir gehen den kürzeren Weg von der Hütte hinunter bis auf ca. 1500 m im oberen Rappenalptal und steigen dann wieder hinauf zum Schrofenpaß, 1909 m, oder wir gehen den 2 Std. weiteren Weg, der landschaftlich wesentlich schöner ist. Dabei gehen wir von der Hütte nach Westen, in Richtung Gemstelpaß – Widderstein. In weitem Bogen gehen wir um den Angererkopf, 2266 m, der Weg führt unter den Felswänden wieder etwas nach Süden und über einige Serpentinen kommen wir auf den Sattel, 2054 m, von wo wir leicht im Aufstieg über Grashänge das Walser Geißhorn, 2366 m, besteigen können. Vielleicht haben wir Glück und können einige Steinböcke beobachten. Sie sind längst nicht so scheu wie die Gemsen, jedoch wollen wir die Tiere nicht unnötig beunruhigen. Vom Sattel gehen wir nun nach links, der andere Weg führt hinunter zum Gemstelpaß, weiter zum Haldenwanger Kopf, 2002 m, und hinüber zum Schrofenpaß, 1909 m. Bei Schlechtwettereinbruch könnten wir nun in ¾ Std. zum Holzgauer Haus, 1520 m, nach Lechleiten absteigen. Wir gehen nun den Weg weiter unter dem Biberkopf zur Biberalp fast eben bis zum Mutzentobel, eine tiefeingerissene, wilde Schlucht, die bei Nässe recht unangenehm werden kann. Der Weg ist zwar in recht gutem Zustand, jedoch durch starke Regengüsse kann es schon manchmal schmal und rutschig sein. Wir gehen um die Steilhänge des Rappenköpfle herum und steigen dann wieder leicht an zur Schafalp und treffen später auf den Weg, der von Einödsbach heraufführt. Nur noch einige hundert Meter trennen uns von der Rappenseehütte. Das DAV-Haus der Sektion Kempten ist erst im letzten Moment zu sehen. Wenn wir zum Sattel hinaufsteigen steht das gastliche Haus nur wenige Meter vor uns.

Der Heilbronner Weg

4. Tag:

Nur für geübte und trittsichere Bergsteiger bei gutem Wetter.
Nichts für Anfänger oder nur mit Bergführer.
Auch größere Kinder ans Seil nehmen.
Einödsbach – Rappenseehütte 3 Std., Übernachtung.
Rappenseehütte – Waltenberger Haus 4 Std.
Rappenseehütte – Kemptner Hütle 6½ Std.
Oder in der anderen Richtung (ist genau so schön).
Spielmannsau – Kemptner Hütte 2½ Std. (Übernachtung).
Kemptner Hütte – Rappenseehütte 6½ Std.
Einödsbach – Waltenberger Haus 3 Std. (Übernachtung).
Waltenberger Haus – Rappenseehütte 4½ Std.

Der Heilbronner Weg zählt mit zu den landschaftlich schönsten
hochalpinen Wegen, den man jedoch eher zu den Klettersteigen
rechnen sollte. Wesentlich entscheidend sind die Wetterverhält-
nisse bei der großen Höhe und Länge des Weges. Die angegebenen Zeiten sind reine Gehzeiten ohne jede Pause. Normaler-
weise ist der Weg nur von Mitte Juli bis Mitte, oder bei sehr
gutem Wetter bis Ende September begehbar. Vor Mitte Juli sind
besonders an der Nordseite des Hohen Lichts ganz erhebliche
steile Schneefelder, die erst ausgeschaufelt werden.

Die Hütten sind nur in den Sommermonaten, etwa ab Pfingsten,
geöffnet. Auskunft erhalten wir über die Alpine Auskunftsstelle
Oberstdorf, Telefon (08322) 700239 (Automat) oder persönliche Beratung, Alpine Auskunft, Kurverwaltung Oberstdorf, Telefon (08322) 700200, von 8 bis 12 Uhr. Auskunft über Bergführer.

Zur Begehung dieses einmaligen Höhenweges, besonders an
schönen September-Wochenenden, möchte ich sehr raten,
möglichst während der Woche zu gehen.

Mindelheimer Klettersteig

Es lohnt sehr, extra dafür noch einige Urlaubstage zu opfern. Denn die meisten der Bergsteiger kommen am Wochenende. Die Hütten sind nun nicht mehr derart überfüllt wie in früheren Jahren. Viele Touristen können schon am Freitag anreisen und so verteilt sich der Besuch jetzt wesentlich besser. Wenn noch mehr meinen Rat, unter der Woche zu gehen, befolgen, so dürfte das für die Hüttenwirte besser sein. Denn auch für den besten Hüttenwirt ist es ein Problem, für eine Nacht einige hundert Bergsteiger in die Lager zu verteilen. Ich war auf vielen Hütten in den Alpen und fast jeder Hüttenwirt hat eine andere Methode bei der Verteilung der Betten und Lager. Meine ehrliche Meinung, die Allgäuer Hüttenwirte haben das, trotz manchem Ansturm, sehr gut im Griff. Die beiden großen Hütten wurden um einiges erweitert und nun finden jeweils über 400 Bergsteiger auf Lagern und Betten Platz.

Viel kleiner, aber noch eine richtige Bergsteiger-Hütte ist das Waltenberger Haus, hoch über dem wildschönen Bacherloch. Von dort gehen wir früh am Morgen, noch im Schatten, in einer Stunde etwas mühsam den Weg über Schutt und Geröll zur Bockkarscharte. Wer hier mittags ansteigt, muß voll in der Sonne laufen.

Bei sicherem Wetter ist der Weg für geübte Bergsteiger kein besonderes Problem. Bei trockenem Fels und weichem Schnee ist es eine Freude, den Felsensteig zu gehen. Ist der Schnee nach kalten Nächten aber hart gefroren, so sind die Überquerungen am Hohen Licht eine nicht gerade leichte Sache. Wer Grödel dabei hat, ist mitunter sehr froh über diese kleinen Steigeisen. Der geringste Ausrutscher kann ins größte Unglück führen. Bei vereisten Felsen sind die sonst leichten und ungesicherten Stellen auf einmal sehr schwer. Schneefall mitten im Sommer kann den Weg sehr gefährlich machen. Es sind schon Bergsteiger Anfang September am Heilbronner Weg erfroren. Zudem begehen oftmals Leute den Weg, die keine Kondition haben und überfordert sind.

Heilbronner Weg von der Rappenseehütte

Sehr bald am Morgen steigen wir in einigen Kehren zur Großen Steinscharte, 2262 m, ½ Std., und überschreiten dabei die Grenze nach Österreich. Links ist die Hochgundspitze, 2459 m, und rechts die Rotgundspitze, 2484 m. Vor uns erhebt sich mächtig die Nordflanke des Hohen Lichtes mit gewaltigen Wänden. Beim Weiterweg über große Steinblöcke, leicht ansteigend, sehen wir links oben noch die Reste des »Wilden Männle«, einst ein beliebter Kletterturm, der bei einem nächtlichen schweren Unwetter am 8. Mai 1962 zusammenstürzte. Wir gehen nun den bezeichneten Weg, später steil über das Geröll bis zu den Felsen am Hohen Licht. In einer nassen und schattigen Felsrinne, an Drahtseilen gesichert, steigen wir auf einen Felsabsatz. Dort beginnt der eigentliche Heilbronner Weg. Der Weg wurde 1899 von der Sektion Kempten erbaut. Die DAV-Sektion Heilbronn bezahlte den Steig und übernimmt auch heute noch die hohen Erhaltungskosten.

Hohes Licht, 2652 m

Haben wir noch genügend Zeit, so ersteigen wir das Hohe Licht. Für Auf- und Abstieg sollten wir zusätzlich 1 Std. rechnen. Wir gehen dabei nach rechts auf breiten Bändern hinüber zur Nordwestflanke und auf zahlreichen Serpentinen zum Gipfel, 2652 m, nach dem Großen Krottenkopf, 2657 m, der zweithöchste Berg der Allgäuer Alpen. An klaren Tagen sind von hier oben 400 Gipfel zu sehen. Der Blick geht über die Lechtaler Alpen und die Eisriesen der Ötztaler Alpen bis zum Ortler und über die Silvretta bis zum Tödi in der Schweiz. Wir gehen den gleichen Weg zurück und queren dann die steilen Hänge an der Westflanke des Hohen Lichts. Oftmals sind hier sehr steile Schneefelder. Wer zu unsicher ist, der geht wieder zurück zur Rappenseehütte. Der Anstieg durch die Bergflanke, in die nur nachmittags die Sonne hereinkommt, dürfte die schwerste Stelle am Heilbronner Weg sein. Diese Strecke ist steinschlaggefährdet. Sie ist nur alle 6 bis 7 Jahre schneefrei.

Steinschartenkopf, 2615 m

Bald sind wir nun am berühmten »Heilbronner Törle«, das ist ein etwa 3 m langer und schmaler, natürlicher Felstunnel. Danach gehen wir vorsichtig und besonders auf lose Steine und Steinschlag achtend, schräg nach oben, bleiben aber unterhalb der kleinen Steinscharte. Hier ereignete sich im Sommer 1982 ein schwerer Bergsturz. Ohne jedes Vorzeichen löste sich oben am Grat auf etwa 20 m Breite ein ganzer Teil vom Grat und aus der Wand. Riesige Felsblöcke, Schutt und Geröll donnerten auf 50 m Breite über den Heilbronner Weg und zum Teil über die steile Wand darunter. Großes Glück hatten sechs Bergsteiger. Da einer unsicher war blieben sie stehen und seilten sich an. Nur der Führer der Gruppe ging ein kleines Stück weiter. Er wurde vom Rand der Steinlawine erfaßt und völlig verschüttet. Seine Begleiter konnten ihn befreien und er kam mit einem Beinbruch davon. Wären die Touristen weitergegangen, hätte das wohl keiner überlebt. Die Abbruchstelle und die Sturzbahn erkennen wir an dem gelblich gefärbten Gestein. Der Weg führt nun zu einer kleinen Scharte und auf die sonnige Südseite. Für mich der schönste Teil des ganzen Weges. 50 m gehen wir waagrecht auf einem ausgesprengten Band auf der sonnigen Südseite, gehen dann wieder nach links oben und stehen nun vor der oft zu unrecht gefürchteten Leiter. Sie ist etwa 8 m hoch und auf 26 Sprossen steigen wir direkt hinauf zum Steinschartenkopf. Nach wenigen Metern stehen wir auf dem ersten Gipfel des eigentlichen Heilbronner Weges. Links ist Deutschland und rechts Österreich. Wir sind auf dem höchsten Punkt des ganzen Weges. Gleich hinter dem Gipfel führt eine eiserne Brücke einige Meter über die schmale Gratstelle.

Wilder Mann, 2577 m

Vom Steinschartenkopf gehen wir weiter über den für einige Meter sehr schmalen Grat, der jedoch gut gesichert ist und steigen nun ab zum etwas niedrigeren Wilden Mann.

Bockkarkopf, 2609 m

Vom Wilden Mann steigen wir teilweise über Geröll und mitunter gesichert über die Ostabstürze zur Socktalscharte, 2446 m. Von hier haben wir die Möglichkeit, direkt zum Waltenberger Haus abzusteigen. Bei Wetterumsturz ist dieser Notabstieg zu empfehlen. Er ist allerdings kein Spaziergang, sondern er erfordert unsere ganze Aufmerksamkeit. Besonders bei Nebel dürfen wir keineswegs den Weg verlassen, denn unter uns sind steil abbrechende Felswände. In einer Stunde könnten wir von der Socktalscharte das Waltenberger Haus erreichen. Auf gut ausgeschlagenen Felsen, zum Teil drahtseilgesichert, steigen wir nun die Flanke zum Bockkarkopf steil hinauf, das sind immerhin 160 m Höhenunterschied. Unter uns sehen wir links das Waltenberger Haus und vor uns die Hochfrottspitze, dahinter die Mädelegabel und links davon schaut noch die überaus kühne Trettach hervor. Nun steigen wir über die Flanke, manchmal gesichert, hinab zur Bockkarscharte, 2523 m. Von dort können wir nun absteigen zum Waltenberger Haus in ¾ Std. und weiter in 2¼ Std. nach Einödsbach. Der eigentliche Heilbronner Weg endet an der Bockkarscharte nach etwa 3 km. Wer noch Zeit hat, der könnte auch beim Abstieg zum Waltenberger Haus noch die Mädelegabel besuchen und dann das Stück wieder zurückgehen. Wir benötigen dazu ca. 1½ Std. Der Weiterweg in Richtung Kemptner Hütte ist leicht zu gehen. Wir wandern fast eben über das große Schneefeld unter der Hochfrottspitze. Dieser Berg ist nur für sehr geübte Bergsteiger, es gibt keinerlei Weg oder Markierung. Der Übergang zur Mädelegabel ist recht schmal und brüchig. So steigen wir lieber zur Mädelegabel auf dem normalen Weg. Wir gehen also den rechten, oberen ausgetretenen Weg über das Schneefeld. Wer nur zu Kemptner Hütte möchte, geht den unteren Weg. Beide Spuren treffen später wieder zusammen. Der obere Weg führt direkt zum Einstieg und geht dann über Fels und Geröll hinab zum Normalweg.

Mädelegabel, 2645 m

Der Name stammt nicht von Mädchen, sondern Mähdele, einer kleinen Bergwiese mit den gabelförmigen Spitzen darüber. Sie ist eine der schönsten und bekanntesten Berggestalten im Allgäu. Vom oberen Illertal sehen wir den Allgäuer Hauptkamm und genau in der Mitte zwei hohe Gipfel, die in Wirklichkeit drei Berge sind. Die Trettach ist genau vor der Mädelegabel.

Meist gehen wir nach dem Heilbronner Weg zu dem herrlichen Gipfel, der bei trockenem Fels keine besonderen Schwierigkeiten bietet. Am schwersten ist gleich der Einstieg. Auf guten Tritten und Griffen bringen wir die drei Meter rasch hinter uns. Dann steigen wir auf dem sehr gut markierten, aber nicht gesicherten Grat, meist die Hände zu Hilfe nehmend, etwas steiler in ½ Std. zum herrlichen Gipfel.

Der Anstieg ist nicht ausgesetzt. Oben haben wir einen geradezu überwältigenden Blick zur 50 m niedrigeren Trettach. Sie ist der schönste und kühnste Allgäuer Kletterberg. Wir sehen links die Südwestwand und rechts die schwere Südwand. Vor uns die Südkante, eine V- bis VI-Tour.

Vorsichtig und auf lose Steine achtend, steigen wir den gleichen Weg von der Mädelegabel zurück. Alle anderen Abstiege sind reine Kletterrouten. Nun wandern wir weiter zur Kemptner Hütte, überqueren die »Schwarze Milz«, gehen über Mergelböden, vorbei an einem kleinen See. Eine kleine Wand, die uns aber nach vielen solchen Stellen am Heilbronner Weg keine große Überwindung kostet, übersteigen wir und gehen nun fast immer leicht bergab bis zum Mädelejoch, 1½ Std. Beim Blick zurück sehen wir unsere Mädelegabel und die Trettach-Ostwand, mit fast 400 m die höchste Wand im Allgäu. Auf dem Grasgrat zwischen Mädelegabel und Kratzer sind einige Steinböcke zu Hause. Mit etwas Glück können wir die Tiere sehen. Der Kratzer kann ohne Schwierigkeiten vom Weg aus über steiles Schrofengelände erstiegen werden.

Kemptner Hütte, 1845 m – Prinz-Luitpold-Haus, 1850 m

5. Tag:

Gehzeit 7 Std., neben dem Jubiläumsweg der längste Weg der Tour. Von der Kemptner Hütte gehen wir in weitem Bogen unter dem Muttler und dem Krottenspitzengrat mit 400 m Höhenunterschied zum Fürschießersattel, 2207 m. Noch einmal schauen wir zurück. Welch ein grandioser Blick. Unter uns die Kemptner Hütte, darüber der wildzerrissene Kratzer und im ersten Leuchten des Tages die Mädelegabel und die Trettach. Nun kommen wir ins Märzle, ein bis weit in den Sommer hinein schneegefülltes Schuttkar, das wir mit besonderer Vorsicht begehen. Hier sind beim Wettersturz schon Bergsteiger ums Leben gekommen. Der Düsseldorfer Weg führt von hier zur Hermann-von-Barth-Hütte. Leicht ansteigend gehen wir nun den herrlichen Gratweg leicht hinüber zum Kreuzeck, 2375 m, und 1½ km fast eben zum Rauheck, 2384, dem höchsten Grasberg im Allgäu. Einmalig ist der Blick zur Höfats gegenüber.

Bei einem Wettersturz unbedingt auf den Weg achten. Niemals abweichen, denn überall sind abbrechende und steilste Grashänge, die ein Durchkommen absolut unmöglich machen. Darum wollen wir den Weg nur bei beständigem Wetter überhaupt begehen. Über den Grat führt nun der Weg herunter in Richtung Älpele und Höfats. Nach etwa 800 m, ungefähr in der Mitte zwischen Gipfel und Älpelesattel, führt der Weg nach rechts hinunter zum Eissee, 1829 m, und dann leicht weiter zum Wildenfeldhüttchen, 1694 m. Als Notabstieg könnten wir vom Rauheck absteigen bis zum Älpelesattel und dann leicht auf gutem Weg zur Käseralpe, 1405 m, 1 Std., gelangen. Die Alpe ist in den Sommermonaten bewirtschaftet. Von hier können wir in 1¼ Std. mühelos das Oytalhaus mit Übernachtungsmöglichkeit erreichen.

Vom Wildenfeldhüttchen haben wir nun den Anstieg zum Himmeleckssattel, 2001 m, steigen nochmals ab bis nahe der Schönberg-Alphütte auf 1597 m, um dann immer leicht ansteigend um den Wiedemer zum Luitpold-Haus, 1850 m, zu gelangen.

Übersichtskarte Heilbronner Weg

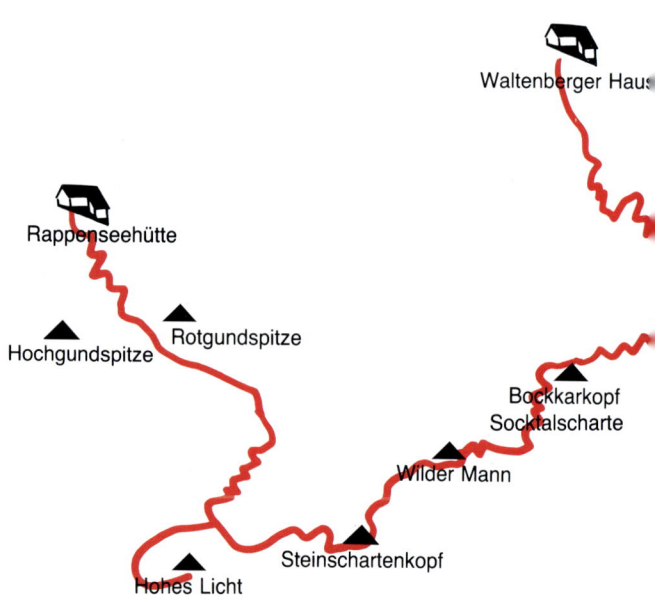

Waltenberger Haus

Rappenseehütte

Rotgundspitze

Hochgundspitze

Bockkarkopf
Socktalscharte

Wilder Mann

Steinschartenkopf

Hohes Licht

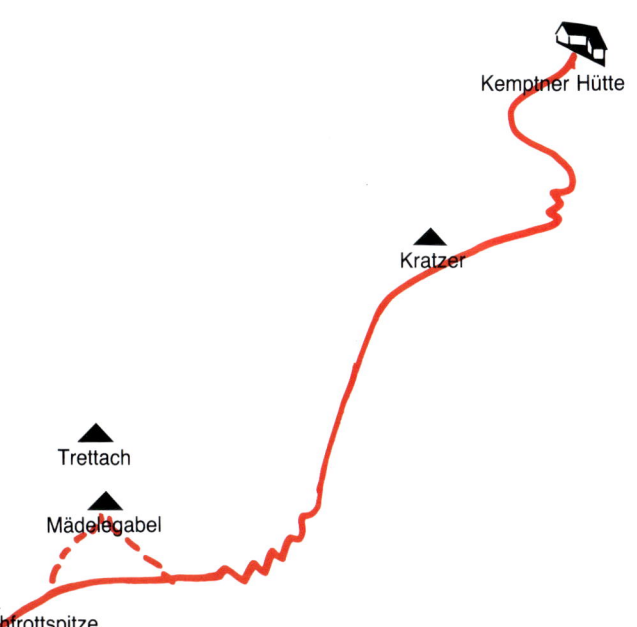

Kemptner Hütte

Kratzer

Trettach

Mädelegabel

hirottspitze

Jubiläumsweg

Vom Prinz-Luitpold-Haus, 1850 m, zur Willersalpe, 1456 m.

Gehzeit 7 Std.

In Wirklichkeit werden wir hier sicher einen Tag verweilen und noch den Hochvogel ersteigen.

Zum Jubiläumsweg gehen wir wieder sehr früh von der Hütte los. Erst haben wir gleich den Anstieg zum Sattel am Glasfelderkopf, 2164 m (Bockkarscharte), ¾ Std. Nun folgt ein Abstieg, der bei Begehung in der Richtung von der Willersalpe einen zermürbenden Aufstieg von fast einer Stunde bedeutet. Nun in leichtem Auf und Ab gehen wir weiter unter dem Sattelkopf, 2097 m, dem Schänzlekopf, 2051 m, zur Lahnerscharte, 1988 m. Noch einmal schauen wir zurück, wo alles überragend der Hochvogel zu uns herübergrüßt. Von hier geht der Saalfelder Weg in 3 Std. zur Landsberger Hütte. In leichtem Abstieg gehen wir am Schrecksee, 1802 m, vorbei, um dann wieder anzusteigen zur Hinteren Schafwanne, 1957 m. Nur der sehr geübte Bergsteiger kann den Übergang über das Rauhhorn begehen. Der Steig ist mitunter ausgesetzt und an einigen Stellen drahtseilgesichert.

Der weniger Geübte geht den Normalweg weiter nach rechts hinunter und unter den Wänden des Rauhhorns entlang und steigt dann wieder hinauf zum Geißeck, 2212 m, zwischen Rauhhorn, 2240 m, und Geißhorn, 2249 m. Beide Berge können wir in kurzer Zeit ersteigen, wobei allerdings das Geißhorn um vieles leichter ist. Wer die Klettertour über das Rauhhorn machte, braucht dazu auch etwa 1 Std. von der Hinteren Schafwanne bis zum Geißeck, etwa gleich lang wie der Wanderer der unten herumgegangen ist.

In leichtem Abstieg erreichen wir nun die Willersalpe, von wo wir nach Hinterstein wandern könnten. Wir können in der Alphütte auch übernachten und am nächsten Tag noch bis zum Oberjoch gehen.

Schreckse
1802

Lahnerkopf
2121

Erzbach

Hertus-
lle

Rosskopf
1820

Grenze

Schänzlespitz
2050

Mittelhof
1402

2066
Schänzlekopf

Sattel-H.
1714

Notländ
1864

Lehner-H.

Sattelköpfe

Jubiläumsweg

Lärchwand

Glasfelderkopf
2271

esselspitz
2284

Fuchskarspitze 2314

nz-Luitpold-H.
1847

Untere Licht-A

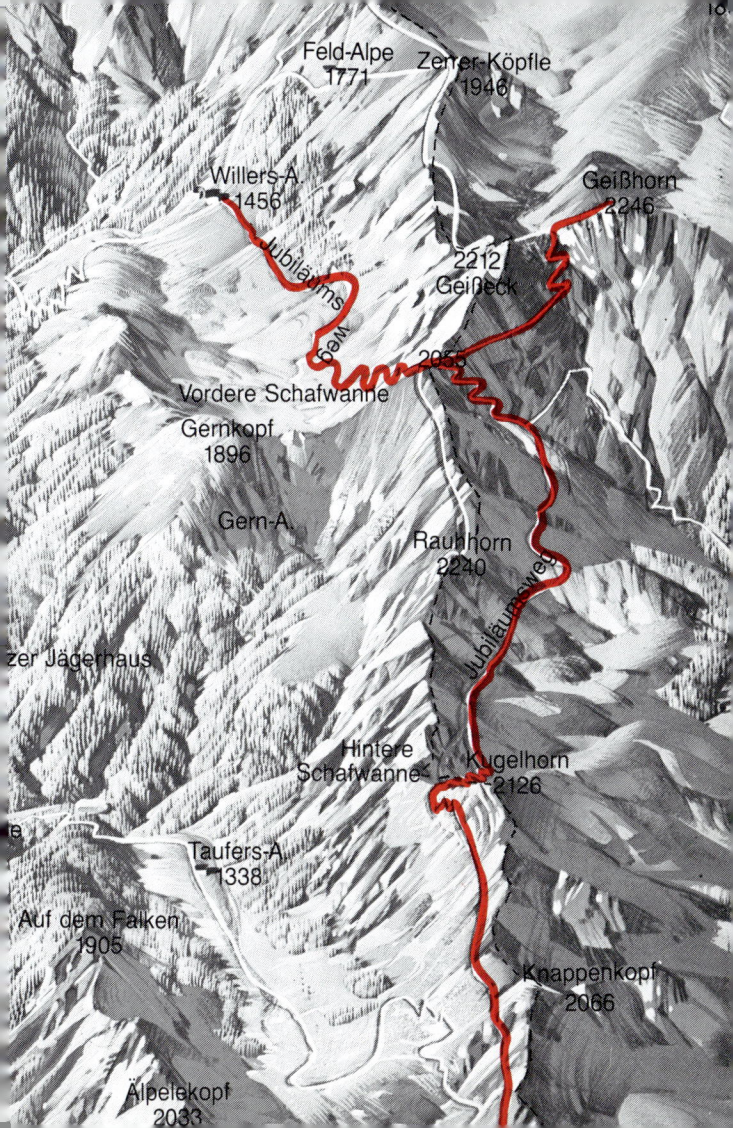

Feld-Alpe
1771

Zerrer-Köpfle
1946

Geißhorn
2246

Willers-A.
1456

Jubiläumsweg

2212
Geißeck

205

Vordere Schafwanne

Gernkopf
1896

Gern-A.

Rauhhorn
2240

zer Jägerhaus

Jubiläumsweg

Hintere
Schafwanne

Kugelhorn
2126

Taufers-A.
1338

Auf dem Falken
1905

Knappenkopf
2066

Älpelekopf
2033

Von der Willersalpe zum Oberjoch

Gehzeit 4½ Std.

Von der Willersalpe steigen wir über Alpweiden hinauf zum Zirleseck, 1872 m, und in leichtem Anstieg zum Ponten, 2045 m, ¾ Std. Der Name stammt von bante, der gebannte Berg, wo kein Holz gefällt werden durfte. In ½ Std. sind wir auf dem nächsten Gipfel, dem Bschießer, 2000 m. Die alten Hindelanger sagten früher »der Bscheißer«, wegen den vielen Steinschlägen, die von ihm auf die Bergwiesen stürzten.

Für Kletterer ist die Bschießerkante mit 150 m Höhe, Schwierigkeitsgrad IV bis V, eine ganz besonders beliebte Tour. Weiter steigen wir nun ab zum Zipfelsattel, 1600 m, mit Abstiegsmöglichkeit nach Hinterstein, und wandern nun wieder bergan zum Iseler, 1876 m. Der Name stammt von Unrat und Geröll. 1½ Std. vom Bschießer. Nun stehen wir auf dem letzten Berg unserer großen und langen Wanderung, die uns vor einer Woche im Kleinen Walsertal beginnen ließ. Was haben wir alles erlebt beim Klettern über die Klettersteige, beim Wandern über die Grasberge, beim Schauen in die glasklaren Bäche? Manch netten Bergkameraden haben wir in den Hütten kennengelernt, Freundschaften entstehen in den Bergen, die oft ein ganzes Leben anhalten. So schauen wir zurück zu den hohen Oberstdorfer Bergen, mit leuchtenden Augen erinnern wir uns an die schönen Stunden, mit bangen Herzen denken wir aber auch zurück an Tage, als uns so eiskalt der Wind um die Ohren pfiff, der Nebel uns umhüllte und wir verzweifelt nach dem Weg suchten, die Schneefelder so hart und steil waren und wir manchmal an den langen Anstiegen schier verzweifelten. Doch alle Strapazen sind vergessen, unter uns liegt wie Spielzeug so klein das Ostrachtal und in einer Stunde werden wir drunten in Oberjoch im Gasthaus sitzen und dann mit dem Bus die 105 Kurven der Jochstraße nach Hindelang hinunterfahren und durchs schöne Ostrachtal hinaus nach Sonthofen zum Bahnhof.

Großer Widderstein, 2533 m

Für geübte Bergsteiger gut zu begehen. Tagestour.

Besonders wichtig ist die Trittsicherheit. Auf den vielen Bändern liegt enorm viel Schutt und Geröll, das vom unerfahrenen Touristen sehr leicht ins Rutschen und Fallen gebracht wird und dabei die Nachkommenden, die kaum Ausweichmöglichkeiten haben, überaus gefährdet.

Vom Kleinen Walsertal – Bödmen 3½ Std.

Von Baad im Kleinen Walsertal 3 Std.

Schnellster Anstieg vom Hochalppaß, 2 Std.

Schon weit aus dem Allgäuer Voralpenland ist die mächtige Felsburg über dem Kleinen Walsertal zu erkennen. Als runder Kopf der Gipfel und nach links ein langer, zerrissener Felsgrat. Vom Hochkrumbachsattel zerteilt eine gewaltige Schlucht den ganzen Berg. Durch diese Rinne führt der Normalweg zum Gipfel. Das war auch der erste Anstieg, als 1669 Josef Bickel, der Pfarrer von Schröcken, die Erstbesteigung machte. Vom Gipfel zeigt sich eine einmalige Aussicht über den ganzen Bodensee bis hin zum Schwarzwald und zur Schwäbischen Alb. Unter uns, wie aus der Spielzeugschachtel, das Kleine Walsertal. Über Tal und Höhen verstreut die Häuser und Bergbauernhöfe.

Talorte:

Bödmen und Baad im Kleinen Walsertal. 1244 m, 1300 m Höhenunterschied.

Hochkrumbachsattel. Anfahrt durch den Bregenzer Wald nach Schröcken und über den Hochtannbergpaß, 1700 m, 700 m Höhenunterschied.

Oder Anfahrt über Reutte – Lechtal – Warth – Hochkrumbach.

Besonders empfehlen möchte ich die Rundfahrt um die ganzen Allgäuer Alpen mit der Anfahrt durch das Tannheimer Tal – Lechtal und die Rückfahrt durch den Bregenzer Wald nach Oberstaufen – Immenstadt. So haben wir bei früher Anfahrt die Sonne meist im Rücken. Rundstrecke 180 km.

Anstieg:

Von Bödmen, mit Pkw oder Bus zu erreichen, steigen wir durch eine wildromantische Klamm durch das Hochtal zur Gemstelalpe, 1321 m, und weiter hinauf zum Gemstelpaß, 1977 m, und in wenigen Minuten zur Oberen Widdersteinalpe, 2010 m. Sie ist bewirtschaftet, und dann sind wir in 20 Minuten am Einstieg. Erst steigen wir über Schrofen und Geröll, dann bald über kleine Felsstufen, meist etwas links haltend, auf gut markiertem Anstieg mit 400 m Höhenunterschied durch die Schlucht. Oft müssen wir dabei die Hände zu Hilfe nehmen. Bei Schnee und vereistem Fels kann der Anstieg sehr gefährlich werden. Dauernd achten wir auf den Steinschlag, der oft von unvorsichtigen Touristen ausgelöst wird. An Tagen mit vielen Besuchern fast ein Wunder, daß nicht mehr Unfälle passieren. Oben gehen wir über den kurzen Verbindungsgrat zum Gipfel.

Hahnenköpfle, 2143 m – Gottesackerplateau – Mahdtal

Für ausdauernde Bergwanderer, auch mit größeren Kindern, jedoch nur bei sicherem Wetter. Nebel und ein Verirren können ein schlimmes Ende nehmen. Erst nach der Schneeschmelze begehbar. Riezlern, 1088 m – Hahnenköpfle 4 Std.
Von der Auenhütte 2½ Std. Mit Sesselbahn 1½ Std.
Vom Hahnenköpfle nach Riezlern 5½ Std.

Talort:

Riezlern im Kleinen Walsertal.

Aufstieg:

Bei dieser langen Bergtour möchte ich anraten, mit dem Ifenbus bis zur Auenhütte zu fahren und dann vielleicht auch die Sesselbahn zu benützen. Wir sind später sehr froh um die gewonnene Zeit und können um so eingehender die Wunderwelt des Steinernen Gletschers bewundern, jedoch wollen wir dabei niemals vom Weg abgehen, das Wild in Ruhe lassen und das einmalige Naturwunder erhalten helfen.
Von der Ifenhütte, 1592 m, gehen wir den bezeichneten Weg zum Hahnenköpfle, 1½ Std. Von dort schöner Blick zum Bodensee. Unterhalb des Gipfels führt in leichtem Auf und Ab der Weg hinüber zur sichtbaren Scharte, 1967 m, ca. 2½ km, 1 Std., zur Markierungsstange, das ist der einzige Übergang durch die Oberen Gottesackerwände. Liegen noch Schneereste, gehen wir mit größter Vorsicht, denn tiefe Spalten und Löcher sind trügerisch darunter verborgen. Erst in steilen Kehren, dann über manchmal lehmigen Boden ein kurzer Anstieg zum Windecksattel, 1752 m, mit dem höchstgelegenen Moor Deutschlands. Wir gehen nun nach rechts den Weg hinunter ins Mahdtal. Links von uns ragen die Unteren Gottesackerwände zum Himmel. Immer leicht absteigend durch das Hochtal bis zur Mahdtalhütte, in deren Nähe das Hölloch ist. Vorsicht, die Höhle ist 96 m tief. Weiter geht's zum Mahdtalhaus und nach Riezlern hinüber.

Hoher Ifen, 2230 m

Für etwas geübte Bergwanderer leicht. Bei Vorsicht auch mit größeren Kindern möglich.

Von Riezlern 4 Std., von der Auenhütte 2½ Std.,
bei Fahrt mit der Sesselbahn zur Ifenhütte 1½ Std.
Von der Schwarzwasserhütte 2½ Std.

Einer der eigenartigsten Berge im ganzen Alpenraum, so überragt der Hohe Ifen wie ein Schiff die Wellen des steinernen Gletschers, den Gottesacker. Trotz der gewaltigen schrägen und teilweise überhängenden Felsmauer ist der Berg leicht ersteigbar, denn auf beiden Seiten führt eine Rinne durch die Mauer des Berges, durch die wir etwas steil, aber gut hinaufkommen können. Danach gehen wir den schrägen Grashang leicht etwa 300 m bis zum Gipfel hinauf.

Talort:

Riezlern, 1088 m, im Kleinen Walsertal.

Aufstieg:

Von Riezlern wandern wir in 1½ Std. bis zum Hotel Auenhütte, oder wir fahren mit dem Ifenbus. Pkw-Fahrer können bis zur Auenhütte fahren. Kurz nach Riezlern zweigen wir hinter der Breitachbrücke rechts ab und fahren nach den Wegweisern Ifen 2000 (im Winter bekanntes Skigebiet). Vom Hotel fahren wir mit der Sesselbahn zur Ifen-Hütte, 1592 m, oder wir wandern den Weg dort hinauf in 1 Std. Nun gehen wir auf bezeichnetem Weg hinauf in die Mulde unter der großen Wand, am Ifen entlang, bis wir eine Unterbrechung der Felswand erreichen und auf Serpentinen kommen wir bald zum Törle und über einige Felsstufen gelangen wir gut auf das schräge Plateau und können nun gemütlich hinaufwandern zum Gipfel.

Von der Schwarzwasserhütte, 1628 m, gehen wir den Weg zur Ifersgund-Alpe und über Weideböden und Geröll in weitem Bogen unter die Felsmauer, die auch auf dieser Seite unterbrochen ist. Über die Stufe etwas mühsam und dann hinauf zum Gipfel.

Schwarzwasserhütte im Kleinen Walsertal, 1626 m

Sehr leicht erreichbar, auch für Anfänger und Familien mit Kindern mit festen Bergschuhen. Vom Auenhotel 2 Std.

Die Hütte liegt in sehr schönem, hügeligem Weidegelände. Besonders schön im Frühsommer, wenn die Bergblumen blühen. Die Hütte ist das ganze Jahr geöffnet. Sie gehört der DAV-Sektion Schwaben-Stuttgart.

Talort:

Riezlern im Kleinen Walsertal.
Die Walsertaler sind einstmals im 13. Jahrhundert aus dem Wallis eingewandert. Sie kamen über die hohen Bergpässe in das damals unbewohnte Tal. Kurz nach Riezlern fahren wir über die Breitachbrücke und sofort nach rechts zur Auenhütte bzw. Ifen 2000.

Am Auenhotel können wir den Wagen abstellen.

Wir haben auch eine Busfahrtmöglichkeit. Zu Fuß von Riezlern 1 Std. Im Winter großes Skigebiet am Ifen 2000.

Aufstieg:

Fast eben gehen wir in Richtung Melköde. Ein wildromantisches Naturschutzgebiet links und rechts neben unserem Weg. Schon vor Jahrhunderten ging hier ein gewaltiger Bergsturz hernieder. Ein wirres Durcheinander von überwachsenen riesigen Felsblöcken.

Nach ¾ Std. sind wir auf der großen Ebene der Melköde, 1353 m, eine schon im Jahre 1612 erwähnte Siedlung. Nach der letzten Alphütte führt ein bezeichneter Weg leicht bergansteigend zur Hütte.

Übergänge:

Über das Starzeljoch nach Schoppernau 3 Std.

Fiderepaßhütte, 2070 m,
am Mindelheimer Klettersteig

Anstiege zum Teil etwas sonnig, aber leicht.
Vom Wildental 2 Std.
Von der Fellhornbahn oder Kanzelwandbahn je 2 Std.

Sehr gerne wird die Hütte von den Klettersteigbegehern als Ausgangspunkt genommen, besonders wenn sie den Anstieg zur Hütte sich etwas leichter machten und mit der Seilbahn fuhren. Allerdings müssen wir auch dabei erst etwas absteigen.

Talorte:

Oberstdorf, 815 m.
Mittelberg im Kleinen Walsertal, 1218 m.

Aufstieg:

Fahrt von Oberstdorf zur Fellhornbahn. Auffahrt bis zur Mittelstation, dann Querung nach links. Oder wir fahren nach Riezlern und benützen die Kanzelwandbahn, steigen zum Warmatsgundkopf und dann ein erhebliches Stück bergab, wo wir auf den Weg von der Fellhornbahn treffen. Dann leicht bergansteigend bis zur Hütte auf dem Sattel. Nur sehr geübte Bergsteiger können den ungesicherten und teilweise ausgesetzten Weg über den Grat der Hammerspitze klettern.

Der normale Hüttenanstieg führt von Mittelberg in das Wildental. Bis zum Beginn des Tales können wir mit dem Pkw fahren. Dann wandern wir leicht bergansteigend bis zur Talstation der Materialseilbahn. Der Weg zur Mindelheimer Hütte geht geradeaus weiter und wir steigen nun etwas steiler nach links in vielen Kehren bis zur Hütte.

Übergänge:

Mindelheimer Hütte 2 Std., Klettersteig 4 Std., nur für Geübte.

Mindelheimer Hütte, am Klettersteig, 2058 m

Anstieg von Birgsau, ziemlich weit, sehr sonnig, 4 Std.
Anstieg vom Wildental, zuletzt über steilen Felsaufbau, 2½ Std.
Übergang von der Fiderepaßhütte, leicht, 2½ Std.

Die mehrmals umgebaute und zuletzt neugebaute Hütte des DAV Mindelheim ist eine reizende, nicht allzugroße Hütte in einer besonders schönen Lage mit dem freien Blick zum ganzen Heilbronner Weg und zum Allgäuer Hauptkamm.

Talorte:
Birgsau und Mittelberg im Kleinen Walsertal.

Anstieg:
Von Mittelberg können wir mit dem Pkw bis zum Anfang des Wildentales fahren, zu Fuß ca. 20 Minuten.

Erst nur leicht ansteigend auf dem Fahrweg, Abzweigung zur Fiderepaßhütte, dann über den Bach und sehr steil einen in die Felsen gesprengten Weg (Vorsicht bei Vereisung) empor bis zur Kemptner Scharte und leicht absteigend ¼ Std. zur Hütte.

Der Weg von Birgsau in das Rappental ist recht anstrengend, sonnig und weit. Bis zur Teufelshütte und dann ansteigend zur Mindelheimer Hütte.

Es besteht auch die Möglichkeit, mit der Kanzelwandbahn oder mit der Fellhornbahn aufzufahren und dann in 2 Std. den Weg zur Fiderepaßhütte zu gehen und dann den Krumbacher Höhenweg weiter in 2 Std. zur Mindelheimer Hütte.

Übergänge:
Rappenseehütte über den Schrofenpaß 5 Std.
Fiderepaßhütte 2½ Std., Holzgauer Haus 3 Std.

Edelsberg, 1630 m

Leichter Wanderberg, auch für Familien mit kleineren Kindern. Von Nesselwang 2 Std.

Ein Berg, der ohne große Gefahren sehr gerne von Kurgästen und Einheimischen besucht wird. Die schöne Aussicht in die Allgäuer Bergwelt, auf die vielen Bergseen und hinaus in das Ostallgäu ist ein Erlebnis. Weithin bekannt sind die Nesselwanger Berge im Winter. Leichte und rassige Pisten führen, bestens gepflegt, von den Gipfeln.

Talort:
Nesselwang, 867 m.

Aufstieg:
Wir können mit der Sesselbahn zum Sportheim Böck hinauffahren und dann in leichter Wanderung in einer ½ Std. den Gipfel ersteigen. Nebenbei könnte noch die Alpspitze, 1575 m, besucht werden.

Schön ist die Wanderung von Nesselwang. Über die Wiesen und durch den Wald führt ein herrliches Weglein an den vierzehn Kreuzwegstationen vorbei bis hinauf zu einer Waldlichtung hoch über Nesselwang. Hier steht das Wallfahrtskirchlein Maria Trost, 1123 m. Beachtenswert sind die vielen Tafeln in der kleinen Kapelle. Vielfach wurde mit einfachen, rührenden Worten ein besonderes Anliegen an die Muttergottes an die Wand geschrieben. Es zeigt uns, mit welch schweren Sorgen so mancher Wallfahrer beschwerliche und weite Wege hinter sich gebracht hat, um dann den Kreuzweg hinauf zu beten und sein Anliegen in der kleinen Kapelle vorzubringen. Wir gehen ¾ Std. bis zur Kapelle und dann noch 1 Std. zum Sportheim Böck und weiter zum Gipfel.

Natürlich könnte mit der Sesselbahn gefahren werden und dann gemütlich über Maria Trost herunter gewandert werden.

Pfrontner Hütte am Aggenstein, 1794 m

Zugang von der Bergstation der Breitenbergbahn leicht, 1½ Std. Anstieg von Pfronten durch die wildschöne Reichenbachschlucht 3½ Std.
Von der Bergstation der Sesselbahn von Grän zum Füssener Jöchl 2 Std., leicht.

Die Hütte wurde 1923 erbaut und gehörte lange Jahre der DAV-Sektion Kempten. Heute gehört die Hütte der DAV-Sektion Ludwigsburg. Sie steht in sehr schöner Lage auf dem Sattel zwischen Aggenstein und Brentenjoch.

Den Aggenstein können wir von hier in ¾ Std. ersteigen.

Talort:
Pfronten-Steinach (Bahnstation).

Anstieg:
Auffahrt mit der Kabinenbahn der Breitenbergbahn, dann leichter Anstieg links um den Aggenstein und in zahlreichen Kehren zur Hütte auf dem Sattel. Kennkarte nicht vergessen. Wir überschreiten dabei die Grenze.

Durch die Reichenbachschlucht gehen wir von der Talstation etwas nach links und schattig durch den wildschönen Tobel mit den Wasserfällen auf einem guten Weg mit Geländer und dann in den vielen Kehren zur Hütte.
Ein guter Fahrweg führt von der Talstation direkt zur Bergstation.

Von Grän im Tannheimer Tal führt eine lange Sesselbahn zum Füssener Jöchl. Von dort können wir an den Berghängen entlang zur Pfrontner Hütte gelangen.

Übergänge:
Otto-Mayr-Hütte 3½ Std.

Aggenstein, 1987 m

Leichte Bergwanderung, auch für Familien mit Kindern, jedoch im oberen Teil besondere Vorsicht für die letzten 50 m. Niemals lassen wir die Kinder aus den Augen. Vom Gipfel brechen sofort senkrechte Wände ab.

Einfachster Zugang von der Bergstation der Breitenbergbahn über Pfrontner Hütte, 2¼ Std.

Von Pfronten durch die Reichenbachschlucht 4¼ Std.

Von der Bergstation der Sesselbahn von Grän zum Füssener Jöchl 2¾ Std.

Vom Ostallgäu zeigt sich der Aggenstein als kühner Dolomitberg zwischen dem Roßberg und dem Breitenberg. Beim Ausstieg von der Breitenbergbahn sehen wir vor uns die hohe, senkrechte Nordwand des Aggensteins. Der Berg hat jedoch eine leichte Rückseite und einen direkten Anstieg rechts über die steile Flanke neben der Nordwand.

Talorte:

Pfronten-Steinach (Bahnstation), 850 m.
Grän im Tannheimer Tal.

Aufstieg:

Auffahrt mit der Kabinenbahn von Pfronten-Steinach, anschließend könnte man mit der Hochalp-Sesselbahn noch bis auf 1610 m fahren und von dort über den Langen Strich auf vielen steilen Serpentinen direkt auf den Gipfel gelangen.

Weniger steil ist die Wanderung von der Bergstation der Breitenbergbahn auf bezeichnetem Weg zur Pfrontner Hütte. Dabei gehen wir links um den Aggenstein, immer leicht ansteigend über die Grenze. Ausweis mitnehmen, keine Kontrollstelle, jedoch Möglichkeit einer Kontrolle. Später gehen wir dann steiler den Weg zur Hütte und in weiterer ¾ Std. den Weg zum Gipfel. 50 m unterhalb treffen wir auf den Weg, der von der Hochalpbahn heraufkommt.

Höhenwanderung vom Aggenstein nach Musau

Lange, aber landschaftlich sehr schöne Wanderung, auch für Familien mit größeren, ausdauernden Kindern.

Vom Breitenberg nach Musau 7 Std.

Der Höhenweg, der keine besonderen Schwierigkeiten aufweist, führt über den Aggenstein, die gastliche Pfrontner Hütte, entlang der Berghänge vorbei am Roßberg, 1822 m, Brentenjoch, 2001 m, Sebenspitze, 1938 m, und Sefenspitze, 1959 m, zum Füssener Jöchl, 1816 m, mit dem Berggasthaus und der Bergstation der Sesselbahn nach Grän. Dann der Abstieg zum Reintal nach Musau.

Talort:

Pfronten-Steinach, Bahnstation, 850 m.

Aufstieg:

Am einfachsten früh mit der Seilbahn, der Breitenbergbahn. Oder Aufstieg durch die romantische Reichenbachschlucht (siehe Pfrontner Hütte) und dort übernachten. Für einen Tag ist die Tour sonst nur für sehr gute Geher zu machen. Von der Bergbahnstation könnten wir mit der Hochalpsesselbahn sogar noch ein Stück weiter hinauffahren oder das Stück wandern. Dann gehen wir den steilen aber nicht gefährlichen Weg über den Langen Strich rechts neben der gewaltigen Nordwand auf den Sattel und die letzten 40 m leicht mit Zuhilfenahme der Hände zum Gipfel (siehe Aggenstein, 1987 m). Dann der kurze und leichte Abstieg zur Pfrontner Hütte, 1794 m. An den Berghängen entlang gehen wir nun, im Sommer mitunter recht warm, fast eben zur Sebenalp, 1660 m. Leicht ansteigend zur Scharte zwischen Sebenspitze links und Lumberger Grat rechts, von wo wir das Füssener Jöchl sehen können und in ¼ Std. erreichen. Nun gehen wir weiter zum Reintaljoch, 1846 m. Überwältigend ist nun der Blick zu den Tannheimer Bergen. Unter uns sehen wir die Otto-Mayr-Hütte, 1530 m, von wo wir dann nach Musau zum Bahnhof wandern.

Otto-Mayr-Hütte, 1530 m – Füssener Hütte, 1520 m – Willi-Merkl-Gedächtnishütte, 1550 m, über der Musauer Alp

Alle Hütten stehen nahe beieinander und sind von Musau in 2½ Std. leicht erreichbar. Auch für Familien mit größeren Kindern geeignet.

Die Hütten stehen unter den gewaltigen Wänden der Tannheimer Berge einerseits und den gras- und latschenbewachsenen Hängen der Schlicke andererseits. Dahinter erhebt sich der Schartschrofen, über dessen linken Grat der kühne Friedberger Klettersteig zur Roten Flüh führt. Die Hütten gehören der DAV-Sektion Augsburg. Die Willi-Merkl-Hütte ist nur mit Sonderschlüssel zugänglich.

Talort:

Musau, 818 m, an der Bahnstrecke von Pfronten – Reutte nach Garmisch-Partenkirchen.

Aufstieg:

Wir können direkt von Musau auf dem Bergweg, der später am Berghang entlang zur Schlucht führt, oder etwas weiter links auf der Fahrstraße, die allerdings für Pkw gesperrt ist, in das Reintal wandern, wo wir den Berggasthof Musauer Alp erreichen. Dann in einer knappen Stunde weiter zur Otto-Mayr-Hütte.

Übergänge:

Tannheimer Hütte über das Sabacher Joch, 3 Std.
Pfrontner Hütte 4 Std.
Bergstation der Sesselbahn von Grän auf dem Füssener Jöchl, 1¼ Std.

Alpenrosenweg von Füssen nach Hohenschwangau

Leichte Familienwanderung, auch mit kleineren Kindern möglich. 2 Std.

Von Füssen gehen wir über die neue Theresienbrücke oder durch das Faulenbacher Tal bis zum Lechfall. Über Ziegelwies erreichen wir den Alpenrosenweg, der einer der bekanntesten und schönsten Wege im Füssener Raum sein dürfte.

Hoch über dem Schwansee wandern wir auf schattigem Weg entlang. Immer wieder zeigen sich herrliche Blicke in die großartige Bergwelt, hinaus in die Weite und hinunter zum Schwansee. Das ist das Reich König Ludwigs II., der auf Hohenschwangau einen Großteil seiner Jugend verbrachte, mit 18 Jahren König wurde und droben auf dem Felsen sein Märchenschloß Neuschwanstein errichtete. Gebaut wurde von 1868 bis 1886. Ganz fertig ist es heute noch nicht. Alljährlich besuchen etwa 800 000 Besucher das Schloß des unglücklichen Bayernkönigs.

Wanderung:

Von Füssen gehen wir das kurze Stück zum Lechfall, der, je nach Wassermenge, mitunter ein imposantes Naturschauspiel bietet. Nahe dem Stadtteil Ziegelwies beginnt der Alpenrosenweg, der uns, gut markiert, nach Hohenschwangau führt.

Am Schwansee vorbei und über die Königsstraße können wir wieder zurückwandern.

Von der Königsstraße könnten wir den Kalvarienberg, 953 m, ersteigen. Eine einmalige Sicht hinunter in die Altstadt von Füssen lohnt die Mühe des 150 m hohen Anstiegs.

Mehrere Abstiege führen hinunter zur Stadt. Einer der schönsten dürfte der Weg zur Schwangauer Straße sein. Dabei sehen wir die einzelnen Stationen der Passion Christi in den kleinen Kapellen.

Ein sehr schöner Weg führt um den Alpsee bei Hohenschwangau. Der 5,5 km lange Weg kann sehr gemütlich in 1½ Std. begangen werden.

Vom Tegelberg nach Neuschwanstein

Leichter Abstieg, auch für Familien mit Kindern, jedoch immer auf dem Weg bleiben. Über der Pöllatschlucht sind gefährliche Wandabbrüche.
Von der Bergstation nach Neuschwanstein 2 Std.
Von Neuschwanstein zur Talstation ¾ Std.

Talort:

Schwangau, 796 m, nahe bei Füssen, an der Straße nach Trauchgau.

Wanderung:

Mit der Tegelbergbahn fahren wir zum Gipfel und haben einen herrlichen Blick auf den ganzen Forggensee. Auf einem bezeichneten Weg wandern wir auf vielen Serpentinen durch den schattigen Bergwald hinunter zur Marienbrücke.
Sehr verlockend, besonders für die Fotografen, ist der einmalige Blick hinunter nach Neuschwanstein. Jedoch ist hierbei größte Vorsicht geboten. Vom harmlosen Weg gehen die Leute nach rechts weg, obwohl man das Schloß schon gut sehen kann, wagen sich immer noch weiter hinaus, nicht ahnend, daß unter ihnen sofort die abbrechenden Felswände einige hundert Meter senkrecht in die Pöllatschlucht führen. Ein einziger Ausrutscher genügt, man kann sich nicht mehr halten und stürzt hinunter. Im Sommer 1961 stürzte hier beim Fotografieren ein junges amerikanisches Ehepaar in den Tod. Wir lassen also niemals die Kinder aus den Augen und gelangen so sicher hinunter zur Marienbrücke, die sich 100 m hoch über die Pöllatschlucht spannt.
Zwischen Schloß und Brücke führt ein Weg hinunter zur Schlucht, und auf gut gesichertem Weg gelangen wir durch die wilde Schlucht der Pöllat und wandern dann auf dem Uferdamm ca. 3 km zurück zur Talstation der Tegelbergbahn. Nahe der Talstation ist der Landeplatz der Drachenflieger, die wir fast immer bei ihren kühnen Flügen beobachten können.

Tegelberg, 1767 m, Bleckenau, 1168 m

Leichte Familienwanderung, auch mit größeren Kindern.
Von der Bergstation Tegelberg bis Bleckenau 4½ Std.
Von Bleckenau zurück zur Talstation 2 Std., 6 km.

Mit der Tegelbergbahn können wir bequem hinauffahren und
dann in leichten Auf- und Abstiegen hinüberwandern zum Branderfleck, Niederer Straußberg und Abstieg zur Jägerhütte. Auf
dem Alpweg dann weiter zur Bleckenau und mit dem Kleinbus
können wir nach Neuschwanstein und Hohenschwangau fahren.
Oder Anstieg auf drahtseilgesichertem Weg durch die »Gelbe
Wand«, unmittelbar unter der Seilbahn, 3 Std.

Talort:
Schwangau, 796 m, Tegelbergbahntalstation. An der Straße von
Füssen nach Trauchgau.

Wanderung:
Von der Tegelbergbahn haben wir einen einzigartigen Blick auf
Schwangau und den Forggensee. Oft sehen wir hier oben
Drachenflieger starten. Eine schöne und leichte Wanderung führt
uns nun über den Alpenlehrpfad zum Branderfleck. Der Aufstieg
zum nahen Branderschrofen, 1881 m, erfordert Trittsicherheit.
Wir könnten nun direkt zur Bleckenau auf dem königlichen
Reitweg bequem auf vielen Serpentinen absteigen und erreichen dann die Straße 1 km unterhalb der Bleckenau, wo wir
dann nach Hohenschwangau hinauswandern könnten.
Bei gutem Wetter und genügend Ausdauer gehen wir oben
weiter über die Hänge an der Ahornspitze, 1780 m, entlang zum
Niederen Straußberg, 1616 m, wandern nun hinunter zur Jägerhütte, ca. 1400 m, und nun 1 Std. hinaus zum Gasthaus Bleckenau. In der Nähe ist die Fritz-Putz-Hütte mit Übernachtungsmöglichkeit.
Mit dem Bus können wir nun zurückfahren nach Hohenschwangau. Oder wir wandern den schattigen Brunnenstubenweg nach
Neuschwanstein und durch die Pöllatschlucht und den Damm-
weg zur Talstation zurück.

Hochplatte, 2081 m

Schöner Wanderberg für Familien mit größeren Kindern.
Von Halblech zur Kenzenhütte 3 Std.,
viel einfacher mit dem Kleinbus.
Von der Kenzenhütte zur Hochplatte 2½ Std.
Die Hochplatte ist ein großer, langgezogener Berg mit einem teilweise schmalen Gipfelgrat.

Talort:

Halblech, 825 m, an der Straße, die von Füssen nach Trauchgau führt. Wenn wir von Füssen kommen, sind wir nach Buching in 1½ km am großen Wanderparkplatz, von wo ein Kleinbus zur Kenzenhütte hinaufführt.

Aufstieg:

Der Weg zur Kenzenhütte ist zwar harmlos, aber recht lang. So fahren wir fast besser mit dem Kleinbus. An der Haltestelle Wankerfleck steigen wir kurz aus und bewundern den einmaligen Blick über die Kapelle zum Geiselstein, dem Matterhorn der Bayerischen Berge. Nach einer knappen halben Stunde sind wir mit dem Bus droben auf der gastlichen Kenzenhütte, 1294 m. Wir wandern nun leicht ansteigend über Alpwiesen und Weiden, dann in großem Bogen durch die Karrenfelder unter dem Ostgipfel der Hochplatte, durch Latschen und prächtige Alpenrosenfelder, zum felsigen Ostgrat und auf den Ostgipfel mit dem Gipfelkreuz. Über den langen, schmalen und teilweise gesicherten Grat gelangen wir hinüber zum höchsten Punkt mit einer großartigen Aussicht über die Ammergauer Alpen. Auf gleichem Weg gehen wir zurück zur Kenzenhütte. Wer nicht mit dem Bus fahren möchte, kann absteigen zum Wankerfleck und dann auf dem ADAC-Rundweg nach Leiterau, Lettenfleck, Wieskreuz wieder zurück zum Wanderparkplatz gelangen.

St. Coloman mit Tannheimer Bergen

Säuling, 2047 m

Leichte, jedoch Trittsicherheit erfordernde Bergtour.
Von Hohenschwangau 3½ Std.
Von Pflach in Tirol 3½ Std.
Der Säuling erhebt sich als gewaltiges Bergmassiv über Füssen und den weltbekannten Königsschlössern Neuschwanstein und Hohenschwangau. Die Aussicht auf die Ostallgäuer Seen und über das Voralpenland ist unbegrenzt. Die Anstiege sind alle lang und sehr steil.

Talorte:

Schwangau, 796 m, Hohenschwangau, Füssen, 808 m, Pflach in Tirol, zwischen Musau und Reutte.

Anstieg:

Von Hohenschwangau gehen wir den Weg nach Neuschwanstein. Nahe der 100 m hohen Marienbrücke mit dem schönsten Blick zum Schloß gehen wir auf dem bezeichneten Weg nach rechts durch den Wald und auf vielen steilen Serpentinen, über eine Eisenleiter zur Gemswiese, teilweise drahtseilgesichert. Von dem Sattel sind wir dann bald auf dem Gipfel.

Von Pflach in Tirol gehen wir nach dem Ortsende (Richtung Reutte) nach wenigen hundert Metern von der Straße den bezeichneten Weg nach links, erst durch hügelige Wiesen, dann den Waldweg hinauf bis zum Säulinghaus, 1694 m, der Naturfreunde. Hinter der Bergsteigerhütte steigen wir auf einem steilen, schrägen, drahtseilgesicherten Steig bis zum Sattel und von dort leicht zum Gipfel.

Anstieg von der Fritz-Putz-Hütte in der Bleckenau, 1185 m, durch Wald und steile Geröllhalden, bis wir auf den Weg von Neuschwanstein treffen.

Als Abstieg könnten wir zum Säulinghaus absteigen und um den Pilgerschrofen zur Wildsulz und nach Hohenschwangau gehen.

Pfrontner Hütte am Aggenstein ►

Säuling

eilbahn
lberg (1720 m)

Hohenschwangau

Alterschrofen

Schwangau

Horn

Waltenhofen

Forggensee

Tannheimer Hütte, 1760 m – Gimpelhaus, 1720 m

Aufstieg von Nesselwängle in Tirol auf leichtem, aber steilem neu angelegtem Weg, teilweise schattig. Gimpelhaus vom Tal aus sichtbar, 1¼ Std. Tannheimer Hütte 1½ Std.

Die beiden Hütten stehen in einmalig schöner Lage hoch über dem Tannheimer Tal unter den Südwänden der Roten Flüh, dem Gimpel und der Kellespitze. Das Gimpelhaus brannte völlig ab und wurde im Jahre 1974 als großes Berggasthaus wieder aufgebaut. Das Haus hat Betten und Matratzenlager. Die Tannheimer Hütte ist eine sehr kleine, aber besonders reizende Hütte der DAV-Sektion Kempten und nur in den Sommermonaten geöffnet und einfach bewirtschaftet. Viele Bergsteiger erinnern sich noch an den unvergessenen Fischer Franze, der die letzten Jahre seines Lebens auf der Tannheimer Hütte als Wirt war. Er verstarb am 17. 11. 1975.

Talorte:

Nesselwängle in Tirol im Tannheimer Tal. Anfahrt mit dem Pkw über Sonthofen – Hindelang – Oberjoch – Schattwald.
Oder von Reutte in Tirol über den Gaichtpaß.
Von Pfronten fahren wir durch die Eng nach Grän und Nesselwängle.
Von Wertach können wir nach Unterjoch und weiter nach Oberjoch mit dem Auto fahren. Postbusverbindung von Reutte.

Anstieg:

Von der Kirche in Nesselwängle auf dem neu angelegten Weg, etwas anstrengend, zum Gimpelhaus. Die Tannheimer Hütte steht 800 m weiter rechts und kann auf fast ebenem Weg mühelos erreicht werden.

Übergänge:

Zur Otto-Mayr-Hütte 3 Std. Zur Bergstation Reuttener Bergbahn 2 Std.

◄ Tannheimer Hütte mit Gimpel

Von der Reuttener Bergbahn, 1793 m, zur Tannheimer Hütte, 1760 m

Nach Auffahrt mit der Kabinenbahn leichte und landschaftlich sehr schöne Wandertour, auch für Familien mit größeren Kindern.

Von der Bergstation 2½ Std.

Die Tour ist nicht besonders anstrengend und darum sehr beliebt. Wir gehen entlang den Tannheimer Kletterbergen, der Gehrenspitze, 2164 m, dem Kelleschrofen, 2091 m, dem kühnen Babylonischen Turm, 2050 m, bis zur einmalig schön gelegenen Tannheimer Hütte. Nach 15 Minuten sind wir drüben bei der Gimpelalp und steigen dann hinunter nach Nesselwängle, von wo wir mit dem Bus zurückfahren können nach Reutte.

Erkundigen wir uns jedoch vorher nach dem jeweils gültigen Fahrplan. Oft fährt einer ein zweites Auto nach Nesselwängle und die Rückfahrt ist dann kein Problem.

Talort:

Reutte und weiter 2½ km zur Talstation der Reuttener Bergbahn in Höfen an der Straße nach Weißenbach.

Höhenweg:

Von der Bergbahnstation, 1742 m, aus besuchen wir den sehenswerten Alpengarten und könnten dabei noch die Gaichtspitze, 1988 m, besteigen. ½ Std. Etwas Vorsicht mit Kindern am Gipfel. Die Aussicht über das Tannheimer Tal ist grandios.

Wir gehen von der Station fast eben zum Hochjoch, 1755 m, und leicht ansteigend zum Sabacherjoch, 1862 m. Hier kommt der Weg von der Musauer Alp herauf und von da könnte die Gehrenspitze erstiegen werden. Unter den Wänden der Kellespitze gehen wir nun leicht bergab zur Tannheimer Hütte.

Wer die Seilbahn nicht benützen möchte, geht von Reutte zu den Weilern Winkel und Holz und den Waldweg hinauf zum Hahnenkamm. 3 Std.

Gimpel und Kellespitze von der Roten Flüh ▶

Rote Flüh, 2111 m

Leichtester Anstiegsberg der Tannheimer Gruppe.
An einigen Stellen müssen die Hände zu Hilfe genommen werden. Anstieg aus der Judenscharte mit Drahtseilen gesichert. Bei besonderer Vorsicht auch mit größeren Kindern.
Von der Gimpelalp oder Tannheimer Hütte jeweils 1½ Std.
Über dem Haldensee erhebt sich mit gewaltigen Wänden die Rote Flüh. Wir sehen links den Schartschrofen und dazwischen als Felszacken den Gilmenkopf. Dieser Übergang ist der Friedberger Klettersteig, der teilweise senkrecht am Drahtseil zum Gipfel des Schartschrofen führt. Nur für absolut schwindelfreie Bergsteiger. Die Rote Flüh ist mit dem leichten Normalanstieg ein überaus gern besuchter Berg. Einmalig ist der Tiefblick zum grünblauen Haldensee, fast tausend Meter unter uns. Alles überragend sehen wir in der Ferne den Hochvogel mit dem Schneefeld des Kalten Winkel, über den der Anstieg zum schönsten Allgäuer Felsberg führt. Besonders beliebt sind die zahlreichen, teilweise überaus schwierigen Kletterrouten an der Roten-Flüh-Südwand und am Hochwiesler, der kein selbständiger Gipfel ist, sondern der östliche Ausläufer der Roten Flüh.

Talort:

Nesselwängle in Tirol, 1130 m, im Tannheimer Tal.

Aufstieg:

Zur Gimpelalp, 1 Std., oder weiter zur Tannheimer Hütte. Dann auf dem bezeichneten Weg leicht zur Judenscharte zwischen Roter Flüh und Gimpel. Nach einer ½ Std. zweigt nach rechts der Steig ab, der zum Gimpel führt. Diesen Weg gehen auch die Kletterer, die in die Gimpel-Südwand einsteigen. Der Weg führt direkt unter der Südwand entlang. Für die Besteiger der Roten Flüh möchte ich dringend abraten, den Weg unter den steinschlaggefährdeten Felswänden zu gehen. Im Sommer 1982 wurde auf diesem sonst harmlosen Weg eine junge Frau tödlich von einem Stein getroffen. Daran möge auch der Kletterer in der

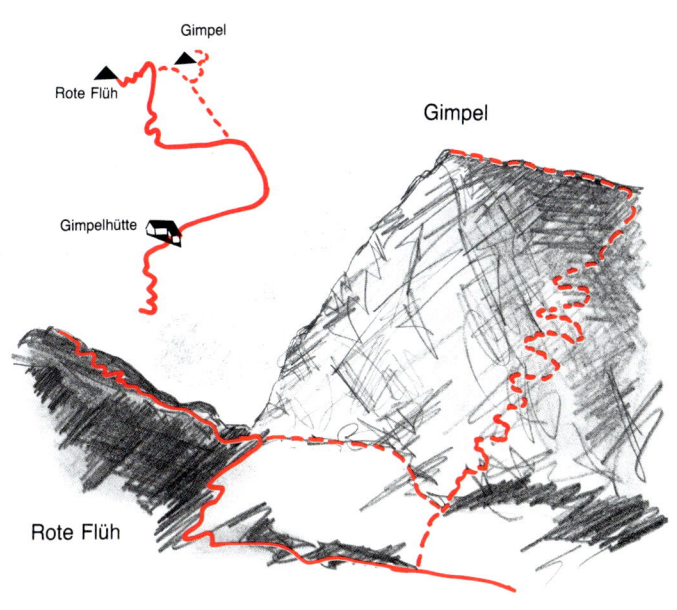

Südwand oder der Bergsteiger der Normalroute zum Gimpel denken. Nur dem wirklich guten Bergsteiger und Kletterer gelingt es, immer sauber zu gehen. Das lernt man erst auf den leichten Wegen. Darum sollten Unerfahrene solche Steige und Wände nicht begehen. Wir gehen also lieber den großen unteren Weg weiter, der harmlos zur Judenscharte führt. Nun sehen wir links schon die Drahtseile, die uns den ersten Steilaufschwung erleichtern, dann geht's über Schrofen und eine Felsrinne zum Gipfel. Der Abstieg zur Gelben Scharte ist wesentlich schwerer (siehe Friedberger Klettersteig).

Abstieg von der Roten Flüh ▶

Gimpel, 2176 m

Nur für geübte und trittsichere Bergsteiger.

Von der Gimpelalm oder Tannheimer Hütte 1¾ Std.

Der Gimpel zählt mit zu den beliebtesten Kletterbergen der Alpen. Einstmals nannte man die Tannheimer Berge sogar die Deutschen Dolomiten. Viele der Kletterrouten führen auf der Südseite und können schon bald im Frühjahr begangen werden. Zudem haben die Kletterer aus dem Tannheimer Tal nur einen Anstieg von etwa 1½ Stunden bis zum Einstieg. In 20 Minuten können die Felswandartisten von den beiden Hütten aus die Südwand erreichen. Überaus beliebt ist der Gimpel-Westgrat (II – III), den man von der Judenscharte aus begeht (zwischen Roter Flüh und Gimpel). Die Route ist nicht allzu schwierig, aber ganz besonders luftig. Beim Anstieg zur Roten Flüh können wir die Kletterer bewundern, die mitunter an dem kleinen Überhang »Nur Mut Johann« ganz erhebliche Probleme haben. Schwerer (III – IV) ist die Gimpel-Südwand. Die neue Südwand (V) und die Südostkante, besonders ausgesetzt (V), für die ganz guten Kletterer.

Talort:

Nesselwängle in Tirol, 1130 m, im Tannheimer Tal.

Aufstieg:

Wie zur Gimpelalm und Tannheimer Hütte 1 Std. Von den Hütten gehen wir in Richtung Judenscharte und zweigen nach ½ Std. rechts ab bis zu der Felswand am Gimpel. Rechts von der Südwand ist der Anstieg, ein schräg nach oben ziehendes Band. Teilweise über Schrofen in geübter Felskletterei bis zum Sattel und dann auf Steigspuren zum Gipfel nach links. Dringend widerraten sei die Tour bei Nässe und bei fehlender Klettererfahrung. Besonders auf lose Steine achten.

◄ Übergang von der Roten Flüh zum Schartschrofen

Kellespitze, 2240 m

Nur für etwas geübte und trittsichere Bergsteiger.
Auch größere Kinder müssen angeseilt werden.
Von der Tannheimer Hütte 2½ Std.
Von der Otto-Mayr-Hütte 2½ Std.
Höchster Berg der Tannheimer Gruppe mit prächtiger Aussicht.

Talorte:

Nesselwängle in Tirol, 1047 m, Fahrt in das Tannheimer Tal.
Musau, 818 m.

Anstieg:

Von Nesselwängle steigen wir zur Gimpelalm oder weiter zur
Tannheimer Hütte. Weiter dann den bezeichneten Weg zur
Nesselwängler Scharte, 1 Std., und dann gehen wir auf die
Nordseite unter dem Westgrat bis zu einer kleinen Kanzel und
dann eine sehr steile Schuttrinne hinunter. Vorsicht auf Steinschlag. Ist noch Hartschnee im Graben, den wir nun überqueren,
so müssen wir überaus vorsichtig sein. Ungeübte sollten sofort
wieder zurückgehen. Nach rechts ansteigend gehen wir bis zu
der großen Steilrinne die vom Gipfel herunterzieht. Beim Einstieg wird die Schlucht fast zu einem Kamin, der jedoch durch
eine Eisenklammer entschärft ist. Die größte Gefahr bei der
leichten Kletterei dürften die von unachtsamen Touristen ausge-
lösten Steinschläge sein. So erreichen wir bald die Scharte unter
dem Gipfel und sind nach wenigen Metern auf dem höchsten
Berg der Tannheimer Gruppe. Besonders schön ist die Sicht
zum Gimpel und ins Reintal hinunter.
Beim Abstieg gehen wir mit besonderer Vorsicht durch die
plattige Steilrinne mit dem Klemmbock und der Eisenklammer.
Unsichere Leute gehören hier ans Seil. Niemals Steine lösen,
denn die Bergsteiger hinter uns haben nur wenig Ausweichmög-
lichkeit. Wir gehen wieder den gleichen Weg zurück wie beim
Anstieg. Aufstieg von der Otto-Mayr-Hütte bis zur Nesselwängler Scharte und weiter wie oben.

Gehrenspitze, 2164 m

Nur für geübte Bergsteiger. Längste und schwerste Tour der großen Tannheimer Berge. Teilweise nur Steigspuren und nur wenig Markierung.
Von der Tannheimer Hütte 3 Std.
Die Gehrenspitze erhebt sich als schöne, elegante Felsgestalt über Reutte. Sie gilt als der schönste Aussichtsberg der Tannheimer Berge. Die Anstiege sind recht weit und so ist die Gehrenspitze noch einer der weniger besuchten Berge.

Talorte:
Nesselwängle in Tirol, 1130 m, im Tannheimer Tal.
Musau, 818 m, zwischen Vils und Reutte.

Aufstieg:
Von der Tannheimer Hütte, 1760 m, gehen wir zum Sabacherjoch, 1862 m, vorbei an der Kellespitze und Kelleschrofen. ¾ Std. Nun gehen wir weiter zum Gehrenjoch und auf Steigspuren erst durch die Südflanke, dann nach ½ Std. in einer Geröllrinne bis zur Scharte. Nun wechseln wir auf die Nordseite, bis wir eine große, vom Gipfel herabziehende Schlucht erreichen und davor steigen wir hinauf zum Grat und weiter zum Gipfel mit dem mächtigen Kreuz.
Eine prächtige Aussicht entschädigt uns für die große Mühe des langen Anstieges. Unter uns liegt das ganze Talbecken von Reutte und drüben stehen die berühmten Tannheimer Kletterberge.

Anstieg von Musau.
Wir wandern den Weg in das Reintal und gehen bei der Musauer Alp den Weg nach links hinauf zur Sabacher Galt-Alp und weiter zum Gehrenjoch und nun wie vorher zum Gipfel.
Alle übrigen Anstiege sind Kletterrouten und für den Bergwanderer nicht zu begehen. Vorsicht, bei Nebel kann der Weg sehr leicht verloren werden und wir geraten in gefährliche Abgründe.

Vilsalpsee

Einstein, 1867 m

Leicht erreichbarer Wanderberg, auch für Familien mit Kindern, die etwas Anstrengung mitmachen können. Sehr sonnig.
Von Tannheim 2 Std.
Der Einstein (der Einsame) ist ein großer, teilweise mit Latschen bewachsener Berg nördlich von Tannheim.
Die Aussicht vom Gipfelfelsen in das Tannheimer Tal und auf die Tannheimer Berge ist besonders reizvoll.

Talort:

Tannheim, 1096 m.
Auffahrt über die Jochstraße von Hindelang oder von Wertach nach Unterjoch und über die neue Straße nach Oberjoch. Von Pfronten fahren wir durch die Eng nach Grän und Tannheim. Die Grenze ist in Schattwald und in der Eng.

Aufstieg:

Wir gehen oder fahren bis zum Weiler Berg und steigen dann den sonnigen und deshalb fast immer trockenen Weg hinauf über Alpweiden, kleine Waldstücke, Schrofen und Geröll, zuletzt etwas steiler über Dolomitgestein zum einsamen Gipfel mit dem prächtigen Blick ins Tal hinunter.

Gegenüber können wir die Drachenflieger bewundern, die fast jeden Tag, besonders aber am Wochenende, vom Neunerköpfl herunter in das Tal fliegen. Neben dem Tegelberg dürfte das Neunerköpfl einer der beliebtesten Berge für den neuen, herrlichen Sport für mutige, junge Leute sein. Es ist für Könner nicht so gefährlich wie es aussieht, jedoch zuviel Mut bei ungünstigem Wind kann den schönen Sport schnell gefährlich machen.

Saalfelder Weg

Leichte und sehr lohnende Wanderung auch für Familien mit größeren Kindern, im ersten Teilstück mit Auffahrt zum Neunerköpfl und Abstieg von der Landsberger Hütte zum Vilsalpsee. Der eigentliche Saalfelder Weg führt dann weiter bis zur Lahnerscharte und trifft dort auf den Jubiläumsweg.

Vom Neunerköpfl zur Landsberger Hütte 3½ Std.

Landsberger Hütte – Vilsalpsee 1½ Std., nach Tannheim 1 Std.

Von der Landsberger Hütte zur Lahnerscharte 2½ Std.

Von der Landsberger Hütte zum Schrecksee – Hinterstein 6 Std.

Talort: Tannheim in Tirol, 1096 m.

Höhenweg:

Auffahrt mit der Neunerköpfl-Sesselbahn in zwei Sektionen bis zur Bergstation oder Wanderung, 2 Std., steil und mühsam. Nach ¼ Std. sind wir auf dem Gipfel des Neunerköpfl, 1862 m. Ein prächtiges Kreuz mit einem überlebensgroßen, geschnitzten Herrgott krönt den Gipfel. Vorbei am Vogelhorn, 1881 m, gehen wir zur Strindenscharte, 1870 m. Nebenbei könnten wir die Sulzspitze, 2083 m, ersteigen, zusätzlich ca. 1 Std. Wir gehen nun hinab zur Gappenfeldscharte, 1860 m, wo der Weg aus dem herrlichen Birkental von Rauth heraufkommt. Nun der Anstieg zur Schochenspitze, 2086 m, mit dem großartigen Blick über die drei Bergseen, Lachensee, 1770 m, neben der Landsberger Hütte, darunter der Traualpsee, 1631 m, und im Tal der Vilsalpsee, 1165 m. Einmalig ist die Blumenpracht beim Abstieg zur nahen Landsberger Hütte, 1810 m. Nun können wir den normalen Weg, vorbei am Traualpsee, hinunter zum Vilsalpsee wandern, und mit dem Bus wieder nach Tannheim fahren, 4 km. Der zweite Teil des Saalfelder Weges führt von der Landsberger Hütte zum Lachenjoch, 1980 m, und durch die Westflanke der Steinkarspitze, 2066 m. Da zweigt nun der Weg ab zum Schrecksee mit Abstieg in das Ostrachtal. Nach links ansteigend geht's zur Lahnerscharte und zum Jubiläumsweg – Prinz-Luitpold-Haus, 7 Std.

Landsberger Hütte über dem Vilsalpsee, 1810 m

Leichter Anstieg auf gutem Bergweg. Bei nötiger Vorsicht an dem gesicherten kleinen Stück kurz vor der Hütte auch für Familien mit größeren Kindern möglich.
Vom Vilsalpsee 2 Std.
Die 1928 von der DAV-Sektion Landsberg erbaute Hütte ist vom Vilsalpsee aus sichtbar und steht auf einem Sattel über dem Traualpsee, nahe dem kleinen Lachensee.
Dahinter erhebt sich die gewaltige Mauer der Lachenspitze.

Talort:

Vilsalpsee, den wir auf guter Straße von Tannheim im Tannheimer Tal aus erreichen. Der See liegt einzigartig wie ein Fjord zwischen den Bergen in 1160 m Höhe.
Einmalig ist die Wanderung in einer Stunde rings um den glasklaren Bergsee. Jedoch erst im späten Frühjahr nach Abgang der Lawinen. Vor Jahren erfaßte noch am 9. Mai eine Grundlawine eine Wandergruppe und schleuderte fünf Menschen tödlich in den See.
Besonders einladend ist eine Kahnfahrt über den See.

Aufstieg:

Wir gehen einige hundert Meter nach links am See entlang bis zu einer kleinen Hütte und da steigen wir auf bezeichnetem Bergweg nach links durch den Wald und später in zahlreichen Kehren den nun etwas steileren Weg zum Sattel und stehen nun vor dem Traualpsee, 1631 m.
Über dem See sehen wir die Hütte und auch den ganzen Weg, der sich links am See entlang zieht bis zum felsigen Absatz unter der Hütte.

Übergänge:

Saalfelder Weg und Jubiläumsweg zum Prinz-Luitpold-Haus 7 Std.

Lachenspitze, 2130 m

Leichte Bergwanderung, auch für Familien mit größeren Kindern. Vom Vilsalpsee 3½ Std.

Schöner Gipfel über dem Lachensee und der Landsberger Hütte mit großer Nordwand. Der Berg kann jedoch sehr leicht von seiner Rückseite erstiegen werden. Einzigartig ist der Tiefblick über die drei Seen, Lachensee, Traualpsee und im Tal der Vilsalpsee.

Talort:

Tannheim im Tannheimer Tal. Anfahrt über Sonthofen, Hindelang, Oberjoch, Grenze, Tannheim, 1097 m, mit Pkw bis zum Vilsalpsee-Parkplatz (Gasthof). Oder Bahnstation Sonthofen und Fahrt mit Bus bis Tannheim. Zum Vilsalpsee ½ Std.

Aufstieg:

Vilsalpsee, 1168 m. Wir gehen 500 m links am See entlang und steigen dann auf bezeichnetem Weg zur Landsberger Hütte, 1810 m, 2 Std. Die Bergtour kann an einem Tag gemacht werden, jedoch ist die Umgebung der Landsberger Hütte so schön, daß wir einige Tage hier verweilen könnten. Wir gehen nun, wenn wir zur Lachenspitze sehen, nach rechts hinauf zur Scharte, 1955 m, zwischen der Steinkarspitze und der Lachenspitze, das ist ein Teilstück des Saalfelder Weges. Wenn wir still sind, gelingt uns vielleicht der Blick auf die zahlreichen Murmeltiere, die ihre Bauten oft nahe dem Weg haben. Besonders schön ist die Blumenpracht und selbstverständlich lassen wir als echte Bergfreunde die Blumen stehen. Nach links führt uns nun der Weg um den Berg. Erst leicht ansteigend, dann steiler, so erreichen wir den Gipfel über Geröll und durch Latschen.

Sind Kinder dabei, so lassen wir sie nie aus den Augen. Vom Gipfel fällt sofort unheimlich steil die Nordwand hinunter zum Lachensee. Ein einziger Fehltritt reicht für den Todessturz.

Leilachspitze, 2276 m

Nur für geübte Bergsteiger. Weite, aber schöne Bergtour.
Vom Vilsalpsee 5 Std.
Von Rauth 4 Std.
Höchster Gipfel der Tannheimer- und Vilsalpseegruppe.
Wie eine mächtige, wildzerrissene Felsburg, so zeigt sich der Berg von den Tannheimer Gipfeln. Der Anstieg ist etwas lang und mühsam. Belohnt werden wir jedoch durch eine prächtige Aussicht und die Hoffnung, daß wir vielleicht nur wenigen Bergsteigern begegnen. Kein Modeberg, wie viele der großen bekannten Allgäuer Berge.

Talorte:

Vilsalpsee, 1168 m, Anfahrt über Sonthofen, Hindelang, Oberjoch und Tannheim.
Rauth, Anfahrt Tannheimer Tal, oder von Reutte über den Gaichtpaß, dann nach links 1 km bis Rauth, das oft auch Klein-Meran genannt wird.

Aufstieg:

Vilsalpsee – Landsberger Hütte 2 Std.
Von der DAV-Hütte gehen wir, mit dem Blick zur Lachenspitze, links um den Berg, erst auf dem Weg zum Lachenjoch und dann unter den Osthängen der Lachenspitze über die Gappenfelder mit den vielen herrlichen Zirben zur Scharte zwischen Leilach und den wilden Luchsköpfen. Auf der Südseite gehen wir nun hinunter zum tiefsten Sattel im Grat der Leilachspitze. Die brüchigen Felstürme links umgehend und über eine große Schuttreiße mühsam zur Scharte unter dem Gipfel und über Fels klettern wir zum Gipfel.
Von Rauth gehen wir in das Birkental, vorbei an verfallenen Alphütten. Links neben der Rinne die vom Nordgrat herabzieht klettern wir hinauf und dann über Schrofen zum Gipfel. Nur für Geübte mit guter Orientierungsgabe und Landkarte.

Hermann-von-Barth-Hütte in der Hornbachkette, 2131 m

Leichter, aber langer und sonniger Anstieg,
3 Std., von Elbigenalp.

Das 1900 von der DAV-Sektion Düsseldorf erbaute Haus steht in schöner Lage hoch oben über dem Lechtal unter der Wolfebnerspitze. Besonders schön ist der Blick über das Lechtal zur Parseierspitze, zur Lechtaler Wetterspitze und zur Freispitze.

Talort:
Elbigenalp im Lechtal, bekannt durch seine malerischen Häuser und die herrlichen Holzschnitzereien, eigene Holzbildhauerschule.

Anstieg:
Von Elbigenalp zum Ölberg und auf der Fahrstraße weiter bis zur 1460 m hoch gelegenen Materialseilbahn.
Die Auffahrt für Pkw ist gesperrt.
Dann zuerst durch Wald und später in Kehren durch die Latschen vorbei an einer kleinen Wand zur netten kleinen Hütte.

Übergänge:
Kaufbeurer Haus über den Enzensberger Weg 6 Std. Nie allein den einsamen und langen Weg begehen.
Kemptener Hütte 4 Std.,
Bernhardseck 3 Std.

Von der Kemptner Hütte zur Hermann-von-Barth-Hütte

Landschaftlich sehr schöner Übergang, bei Vorsicht auch mit größeren Kindern möglich. 4½ Std.

Der Weg führt uns vom Allgäuer Hauptkamm hinüber in den großen, langen Seitenkamm der Allgäuer Alpen, die einsame Hornbachkette. Dabei können wir den höchsten Allgäuer Berg am Wegrand ersteigen, den Großen Krottenkopf, 2657 m.

Talort:
Oberstdorf, 815 m.

Aufstieg:
Von Spielmannsau, 1000 m, durch den Sperrbachtobel zur Kemptner Hütte, 1846 m, 2½ Std.

Von der Hütte gehen wir zum Oberen Mädelejoch, 2033 m, wo sich die Wege teilen zum Heilbronner Weg und zum Prinz-Luitpold-Haus. Wir beachten die Wegweiser und gehen jenseits etwas hinunter. Dann schon sichtbar vor uns in langem Anstieg der Weg durch Geröll in vielen Kehren zur Krottenkopfscharte, 2350 m, 300 Höhenmeter hoch, 1¾ Std. von der Kemptner Hütte. In ¾ Std. könnten wir nebenbei noch den Großen Krottenkopf ersteigen. Von der Scharte steigen wir über Geröll steil hinunter zum Hermannskar, das wir unter der Ostflanke des Großen Krottenkopfes durchqueren. Dabei gehen wir am kleinen Hermannskarsee vorbei. Mit 2216 m Höhenlage ist das der höchstgelegene Bergsee im Allgäu. Oft bis weit in den Sommer hinein mit Eis bedeckt. Links oben ist die Hornbachspitze, 2533 m, und rechts über dem See die Faulewandspitze, 2480 m. Unter der Marchspitze, 2610 m, und der Hermannskarspitze, 2527 m, gehen wir um den Hermannskarturm, 2466 m, an einigen Drahtseilen gesichert, zum Schafschartl, 2320 m. Jenseits 100 m hinunter ins Birgerkar und fast eben in der Höhe von 2240 m durch das Kar unter der Ilfenspitze, 2540 m, hinüber in das Wolfebnerkar zur Hermann-von-Barth-Hütte, 2131 m.

Düsseldorfer Weg

Schöner, anspruchsvoller, und um einiges schwierigerer Steig, als der Weg über die Krottenkopfscharte von der Kemptner Hütte zur Hermann-von-Barth-Hütte. Nur bei sicherem Wetter für etwas geübte Bergsteiger. 5 Std.

Der Weg führt uns nördlich um das ganze Krottenkopfmassiv und um die Krottenspitzen herum. Bis dahin ist der Weg identisch mit dem Weg zum Prinz-Luitpold-Haus. Oftmals wird der Weg als zwei Tagesabstecher von der Kemptner Hütte aus gemacht. Wobei wir dann erst den Weg über den Krottenkopf hinüber gehen und über den Düsseldorfer Weg zurückwandern.

Talorte:
Oberstdorf, 815 m, Elbigenalp im Lechtal, 1060 m.

Aufstieg:
Von Oberstdorf nach Spielmannsau, Sperrbachtobel, Kemptner Hütte, 1846 m, 3½ Std.
Von der Hütte gehen wir erst den Weg zum Prinz-Luitpold-Haus. Von der Hütte aus sichtbar bis zu den Krottenspitzen. In einem weiten Bogen gehen wir hoch über dem Sperrbachtobel, immer leicht ansteigend, bis zum Fürschießersattel, 2207 m, 1½ Std. Dann steil in Kehren hinunter ins Märzle, dem bis weit in den Sommer hinein schneegefüllten Kar, steigen 70 m tiefer und gehen wieder leicht ansteigend auf den Sattel der March, 2201 m. Hier geht der Weg weiter zum Prinz-Luitpold-Haus, wir gehen nach rechts, wo der Düsseldorfer Weg beginnt. Fast eben gehen wir unter den Nordwänden der Krottenspitzen, 2253 m, Öfnerspitze, 2575 m, Faulewandspitze, 2480 m, Marchspitze, 2610 m, fast 3 km weit, am Schluß steil ansteigend zur Marchscharte, 2424 m. Unter den Wänden der Ilfenspitze steigen wir hinunter ins Birgerkar oder links den neuen Düsseldorfer Weg, nur für Geübte, entlang der Felswände zur bald sichtbaren Hütte.

Enzensberger Weg

Der Verbindungsweg von der Hermann-von-Barth-Hütte zum Kaufbeurer Haus ist anstrengend, sonnig und nur ausdauernden Gehern zu empfehlen. Schwindelfreiheit und Trittsicherheit notwendig. Nichts für Kinder. Niemals allein den langen und einsamen Weg begehen. 7 Std.

Die große Tagestour führt uns entlang unter den Gipfeln und Wänden der Hornbachkette. Endlos erscheinen uns die Kare, durch die wir in großem Bogen immer wieder gehen müssen. Eine Tour, die uns, fern dem Touristenrummel auf den Modebergen, in die wildschöne erhabene Bergwelt, 1200 m hoch über dem Lechtal, entlangführt.

Talorte:

Elbigenalp, 1060 m, im Lechtal, Hinterhornbach, 1101 m.

Wanderung:

Von der Hermann-von-Barth-Hütte, 2131 m, gehen wir möglichst früh los, wir haben einen langen Tag vor uns. Wir gehen um den Südausläufer der Wolfebnerspitze herum und queren in weitem Bogen das Balschtekar. Über uns der Schöneckerkopf, 2322 m, links, und rechts von der Scharte der Balschteturm und die Balschtespitze, 2504 m. Zwischen diesen Bergen führt von der Schöneckerscharte, 2259 m, ein Notabstieg in 2½ Std. nach Hinterhornbach. Wir gehen nun weiter zum Balschtesattel, 2226 m, 1½ Std. Über uns der Südl. Söllerkopf, 2390 m. Nun steigen wir 150 m hinunter zum Noppenkar unter der Noppenspitze, 2596 m. Nahezu eben durchwandern wir in ¾ Std. das große Kar bis zum Luxnachersattel, 2094 m. Von hier könnten wir in 1½ Std. durch das Haglertal nach Häselgehr, 1003 m, gelangen. Wir gehen weiter unter dem Südostgrat der Noppenspitze durch das Sattelkar, über uns die Sattelkarspitze, 2553 m, dann fast eben durch das Wolekleskar, über uns die Wolekleskarspitze, 2522 m, und dann folgt der Anstieg durch das Gliegerkar

Kaufbeurer Haus

Urbeleskarspitze

Bretterspitze

Söllerkopf

Wolfebnerspitze

Hermann-v.-Barth-Hütte

unter der Bretterspitze bis zum Griesschartl, 2418 m. Durch die steile, felsige Ostflanke der Bretterspitze, teilweise drahtseilgesichert, zum breiten Rücken der Bretterspitze, 2609 m, nahe der etwas unter uns liegenden Schwärzerscharte, 2433 m. Der Gipfel könnte leicht in ¼ Std. erstiegen werden. Liegt noch Schnee am Anstieg in der Ostflanke der Bretterspitze, so kann das zum gefährlichsten Stück des ganzen Weges werden.

Der Abstieg von der Schwärzerscharte zum Kaufbeurer Haus ist einfach, jedoch bei Nebel genau auf den Weg achten. Unter uns sind abbrechende Felswände. Liegt noch Schnee an dieser Nordflanke müssen wir mit größter Vorsicht gehen. Das Kaufbeurer Haus ist nur am Wochenende einfach bewirtschaftet. Fragen wir also schon in der Hermann-von-Barth-Hütte nach dem Schlüssel. Der Abstieg nach Hinterhornbach dauert 1½ Std. und ist recht steil.

Kaufbeurer Haus an der Urbeleskarspitze, 2007 m

Langer und sehr anstrengender, steiler Weg von Hinterhornbach, jedoch schattig und nicht gefährlich, 2½ Std.

Das Kaufbeurer Haus ist nur eine kleine, aber noch echte Bergsteigerhütte unter der gewaltigen Urbeleskarspitze. Die Hütte der DAV-Sektion Allgäu-Immenstadt wurde 1905 erbaut. Sie ist auch heute noch nur eine Selbstversorgerhütte. Während der Woche ist die Hütte nicht bewirtschaftet. DAV-Mitglieder erhalten den Schlüssel in Hinterhornbach. Nur am Wochenende ist die Hütte einfach bewirtschaftet. Als echte Bergsteiger verlassen wir die schöne kleine Hütte natürlich wieder in sauberem Zustand.

Talort:

Hinterhornbach, das wir auf schmaler Straße vom Lechtal von Vorderhornbach aus erreichen. Eine kleine Kirche, zwei Gasthöfe und einige Bauernhäuser lassen wir hinter uns und zweigen kurz nach dem hübschen Ort nach links ab über den Bach. Einige wenige Möglichkeiten zum Abstellen des Autos.

Anstieg:

Fast immer im Wald, auf einem guten aber steilen Weg steigen wir 900 Höhenmeter bis auf die freien Hänge über der Waldgrenze, dann nur noch leicht ansteigend ½ Std. bis zur jetzt sichtbaren Hütte.

Übergänge:

Enzensberger Weg – Hermann-von-Barth-Hütte 6 Std.

Urbeleskarspitze, 2636 m

Nur für sehr geübte, trittsichere Bergsteiger, keine Sicherungen, kaum Markierungen, Steinschlaggefahr.
Vom Kaufbeurer Haus, 1¾ Std.
Die Urbeleskarspitze in der Hornbachgruppe ist eine kühne Berggestalt hoch über Hinterhornbach. Die Ersteigung erfordert alle Voraussetzungen für einen erfahrenen Bergsteiger mit guter Orientierungsgabe, denn erst im oberen Teil finden wir spärliche Markierungen.

Talort:

Aus dem Lechtal fahren wir von Vorderhornbach die schmale Straße nach Hinterhornbach, 1101 m.

Aufstieg:

Von Hinterhornbach gehen wir zum Kaufbeurer Haus, 2007 m. Wir gehen von der Hütte erst ein Stück den Weg zur Bretterspitze. Unter den Felsen queren wir weglos nach links. Der Einstieg beginnt an einer links vom Berg herunterziehenden großen Rinne. Auf der linken Seite steigen wir über Geröll und Felsstufen etwa ⅔ hinauf bis uns einige Markierungen nach rechts über die Rinne führen. Über Geröllbänder und brüchige Felsaufschwünge klettern wir vorsichtig den Gipfelaufbau hinauf. Über den schmalen Grat gehen wir das letzte Stück noch nach rechts zum Gipfel hinüber. Auf dem Gipfel wurde von Sonthofener Bergfreunden ein schmiedeeisernes Kreuz errichtet. Besonders beim Abstieg müssen wir auf lockere Steine achten. Sind mehrere Gruppen am Berg, so erhöht sich die Steinschlaggefahr ganz beträchtlich. So sollten zu dieser Tour nur trittsichere Bergsteiger mitgenommen werden. Nur dann haben wir die Freude, an einem herrlichen, meist einsamen Berg zu steigen.

Bretterspitze, 2609 m

Leichte Bergtour für etwas geübte Bergsteiger. Besondere Vorsicht wenn noch Schneefelder am Weg sind. Nie vom Weg abgehen, denn unterhalb sind oft abbrechende Felswände.
Vom Kaufbeurer Haus 1½ Std.

Zwischen dem Lechtal und den Allgäuer Bergen zieht sich 15 Kilometer lang die einsame Hornbachkette mit ihren wildzerrissenen Graten und Gipfeln entlang. An manchen Bergen ist ungemein viel brüchiges, stark verwittertes Gestein, das uns mitunter an die Karwendelberge erinnert. Die Gipfel sind einsam und selten besucht. Meist führen keine Wege zu diesen herrlichen Bergen. Die Bretterspitze ist auf einem bezeichneten Steig verhältnismäßig leicht zu besteigen.

Talort:
Wir fahren die schmale Straße, aus dem Lechtal kommend, die Abzweigung ist bei Vorderhornbach, nach Hinterhornbach, 1101 m.

Aufstieg:
In 2 Std. gehen wir den steilen Anstieg zum Kaufbeurer Haus, 2007 m.

Auf bezeichnetem Weg steigen wir nun in 1¼ Std. hinauf zur Schwärzerscharte, 2433 m, zwischen Urbeleskarspitze und Bretterspitze. Der Enzensberger Weg führt nun steil hinunter auf die Südseite und 6 Std. weit bis zur Hermann-von-Barth-Hütte. Zum Gipfel der Bretterspitze brauchen wir nur noch 20 Minuten leicht auf dem Grat zum nahen Gipfel hinaufsteigen. Eindrucksvoll ist der Blick hinüber zur nahen Urbeleskarspitze, 2636 m. Wie der Bug eines gewaltigen Schiffes ragt der Südwestgrat 200 m hoch gegen den Himmel. Eine Klettertour, die über teilweise sehr brüchige Stellen führt. Der Übergang von der Bretterspitze zur Gliegerkarspitze, 2577 m, ist nur für geübte Bergsteiger möglich.

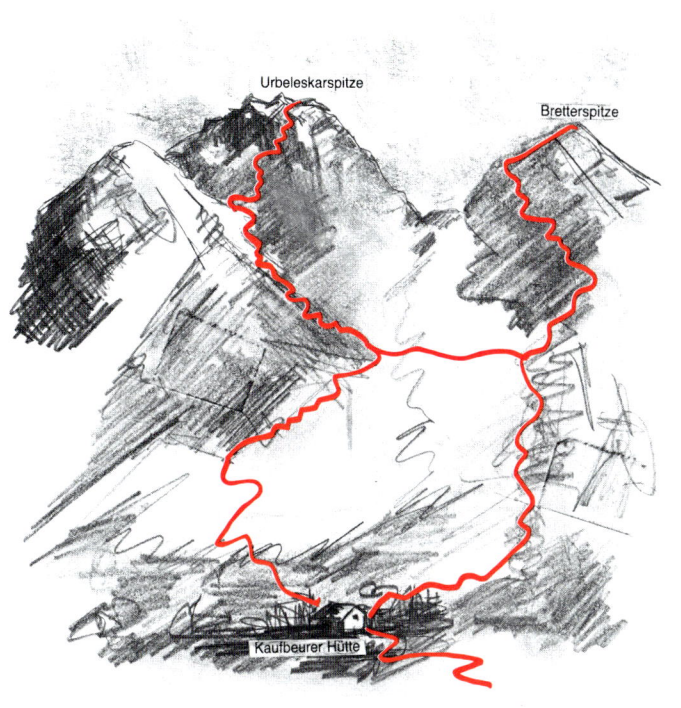

Urbeleskarspitze

Bretterspitze

Kaufbeurer Hütte

Friedberger Klettersteig

Vom Schartschrofen, 1973 m, zur Roten Flüh, 2111 m.

Nur für absolut trittsichere und schwindelfreie Bergsteiger.

Der verhältnismäßig kurze Klettersteig ist von der DAV-Sektion Friedberg sehr gut gesichert und am Seil sind Griffe mustergültig, wie sonst nur selten, angebracht.

Teilweise führt das Seil senkrecht die Felswand recht luftig hinunter.

Talorte:

Grän im Tannheimer Tal, 1134 m, Anfahrt aus dem Tannheimer Tal oder durch die »Eng« von Pfronten.

Nesselwängle im Tannheimer Tal, 1130 m.

Musau, 818 m. An Bahn und Straße zwischen Pfronten und Reutte, 4 km nach Vils.

Aufstieg:

Am einfachsten benützen wir die Sesselbahn von Grän zum Füssener Jöchl, 1816 m. Das ist zur Zeit die längste Sesselbahn Europas, deshalb brauchen wir zum Anstieg nur 2 Std. Der Weg ist jedoch sehr leicht und ist im Winter eine herrliche, lange Skiabfahrt nach Grän.

Vom Jöchl gehen wir nun den leichten Weg weiter zum Schartschrofen mit herrlichem Blick hinunter zum Haldensee und in die Nordwände der Tannheimer Berge. Erst steigen wir noch etwas leicht am Drahtseil ab, dann über sehr luftige Wandstellen bis zur Gelben Scharte, 1900 m, fast 80 m hinunter. Leichter ist nun der Weiterweg zur Roten Flüh um den Gilmenkopf, 1940 m, ein turmartiger beliebter Kletter-Übungsberg. Weiter steigen wir über den Nordwestgrat zur Roten Flüh. Eine steile Wandstelle wird ca. 15 m hoch auf zahlreichen Eisenstiften, erst 5 m senkrecht, dann leichter schräg überwunden. Teilweise drahtseilgesichert steigen wir zur Roten Flüh in ca. 2 Std. vom Schartschrofen.

Als Abstieg können wir wieder zurück, vielleicht sogar von der

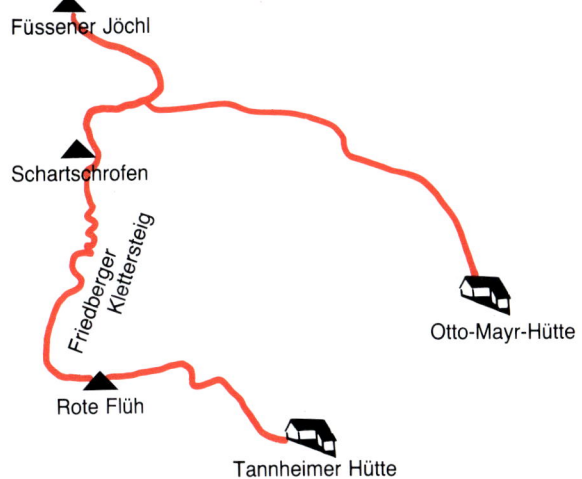

Füssener Jöchl

Schartschrofen

Friedberger Klettersteig

Otto-Mayr-Hütte

Rote Flüh

Tannheimer Hütte

Gelben Scharte nun im Aufstieg nochmals über den eigentlichen Friedberger Klettersteig zum Schartschrofen zurück und zum Füssener Jöchl, wobei wir über die Läuferspitze, 1956 m, gehen können.

Wer nun gleich absteigen möchte, geht von der Gelben Scharte ein Stück den Weg zur Otto-Mayr-Hütte und unter dem Schartschrofen entlang, dann ein kleiner Anstieg und über das Reintaljoch wieder zum Füssener Jöchl (Berggasthof), wo wir nun mit der Seilbahn abfahren oder über den schönen Weg durch die Alpweiden nach Grän absteigen könnten.

Als weiterer Abstieg von der Roten Flüh ist der Normalweg zur Tannheimer Hütte und zur Gimpelalp nach Nesselwängle zu empfehlen. Wer zum Auto nach Grän zurück muß, geht den Fußweg nach Haller und Grän, 1½ Std. Wobei wir bei einem Anstieg von 300 Höhenmetern über den Adlerhorst, einem netten kleinen Berggasthaus mit herrlichem Blick zum Haldensee, auch nach Grän gehen könnten. 2 Std.

Klettersteig Hohe Gänge bei Hindelang

Leichtester Klettersteig im Allgäu, jedoch absolute Schwindelfreiheit und Trittsicherheit nötig.

Nichts für Kinder.

Von Hinterstein zum Breitenberg 3 Std.

Hohe Gänge 1½ Std., Abstieg von der Rotspitze nach Hinterstein oder Hindelang 3 Std. Gesamtzeit 7½ Std.

Der Klettersteig führt über den Verbindungsgrat vom Breitenberg zur Rotspitze. Einer der Männer, die sich für den Bau des Klettersteiges einsetzten, war der Hindelanger Bergführer Max Keck, der später so tragisch in den Schweizer Bergen ums Leben kam. Von ihm habe ich die Bilder zu meinem Buch »Die schönsten Bergwanderungen im Allgäu« erhalten. Bilder, die zeigen, wie die große Leiter hinaufgetragen und angebracht wurde.

Talorte:

Hindelang, 825 m, Hinterstein, 865 m.

Aufstieg:

Von Hinterstein gehen wir über die Ostrach, entlang unter dem großen Bergsturz und dann immer leicht ansteigend zur Alpe Älpe und weiter in leichtem, schönem Anstieg zum Breitenberg, 1887 m, 3 Std. Über Schrofen und leichte Felsstücke gelangen wir zur 15 m hohen Leiter und sogleich auf der anderen Seite wieder wenige Meter am Drahtseil hinunter, dann klettern wir wieder leicht schräg nach oben, manchmal ausgesetzt, aber gut am Drahtseil gesichert. Nach ¾ Std. haben wir den Klettersteig hinter uns und wandern nun fast eben, dann nochmals ansteigend, ¾ Std. zur Rotspitze, 2033 m. Von der herrlichen Pyramide steigen wir hinunter zum Häbelesgund zwischen Breitenberg und Rotspitze. Durch den Wald geht's hinunter ins Retterschwanger Tal und hinaus nach Hindelang oder nach Hinterstein.

Hindelanger Klettersteig

Sehr lange Klettertour für ausdauernde, schwindelfreie und absolut trittsichere Bergsteiger. Nur die schwierigsten Stellen sind drahtseilgesichert, alles übrige muß trittsicher ohne Sicherung begangen werden. Also nur bei trockenem Wetter gehen. Nicht für Kinder.

Vom Nebelhorn zum Daumen ca. 5 Std. Teilweise überaus luftige Klettertour über den ganzen langen Grat vom Nebelhorn über die Wengenköpfe und Zwiebelstränge bis zum Daumen. Luftlinie 4 km. 110 m werden allein auf meist senkrechten Leitern zurückgelegt. Der 1978 fertiggestellte Klettersteig ist im Vergleich zum Mindelheimer Klettersteig um über 1 Stunde länger.

Talorte:

Oberstdorf, 815 m, Hindelang, 825 m.

Aufstieg:

Auffahrt gleich früh am Morgen mit der Seilbahn zum Nebelhorn oder Anstieg am Vortag und Übernachtung (siehe Edmund-Probst-Haus). Aufstieg und am gleichen Tag den Klettersteig begehen ist nur etwas für allerbeste Geher. Für den normalen Bergsteiger dürfte eine derartige Anstrengung unverantwortlich sein. Von der Bergbahnstation gehen wir bis kurz vor den Nebelhorngipfel. Wer möchte, kann dabei sogar den Sessellift bis zur Gipfelhütte, 2224 m, benützen. Nach rechts oben gehen wir bis zum ersten und gleich senkrechten Felsaufschwung mit der Leiter. Nach 100 Metern haben wir den ersten schmalen Grat hinter uns und noch eine riesige Chance. Hier können wir harmlos wieder absteigen und zurückwandern zum Nebelhorn. Wem es jetzt schon schummrig wird, der möge nun die Tour abbrechen, es wird keineswegs leichter. Durch Drahtseile und Leitern ist der Anstieg zum Westlichen Wengenkopf gangbar gemacht. So steigen wir weiter über den kühnen Grat, immer in der Höhe zwischen 2000 und 2200 m mit dem ergreifenden Tiefblick über die mitunter 650 m hohen Nordwände und Abbrü-

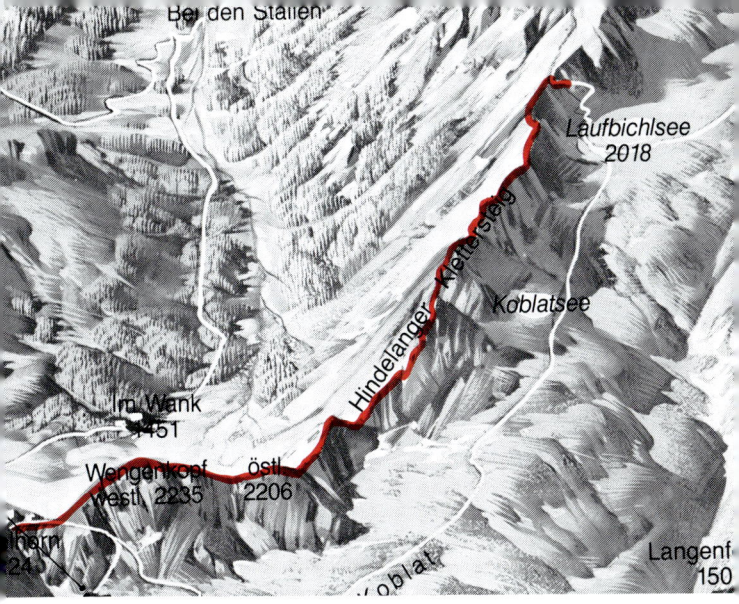

che ins Retterschwanger Tal. Im Gegensatz zum Mindelheimer Klettersteig, wo wir fast nur im Fels gehen, ist hier ein dauernder Wechsel zwischen Gras und Fels, das bedeutet, daß bei Nässe dauernd die Schuhsohlen schmierig sind. Als Notabstieg niemals in Richtung Retterschwanger Tal, sondern an den bezeichneten Stellen zum Koblat, so vor der großen Leiter, oder an der tiefsten Stelle, nach dem Östlichen Wengenkopf. Auf mehreren Leitern, über Eisenplatten und an Drahtseilen kommen wir über die Zwiebelstränge und schließlich zum Großen Daumen, 2280 m. Meist werden wir den harmlosen Wanderweg 200 bis 300 m unter dem Klettersteig zum Nebelhorn zurückgehen. Auf diesem Weg haben wir auch unsere weniger geübten Bergsteiger voraus zum Daumen gehen lassen. Als weiterer Abstieg könnten wir über den Engeratsgundsee zum Giebelhaus absteigen und mit dem Bus nach Hindelang und Sonthofen fahren.

Mindelheimer Klettersteig

Lange und luftige Klettertour, nur für trittsichere und absolut schwindelfreie Bergsteiger, nichts für Kinder.

Von der Mindelheimer Hütte zur Fiderepaßhütte 4 Std.

Überaus luftige, aber überall sehr gut gesicherte Steiganlage über die drei Schafalpköpfe. Nach dreijähriger Bauzeit wurde der Klettersteig 1975 eingeweiht. 300 Eisenbügel wurden in den Fels getrieben. 90 000 Mark hat der kühne Steig gekostet. Es ist egal, von welcher Seite wir den Klettersteig begehen.

Talort:

Mittelberg im Kleinen Walsertal.

Aufstieg:

Mit dem Pkw kann bis zum Anfang des Wildentals gefahren werden, dann die Wanderung zur Fluchtalpe, wo sich die Wege teilen. Links zur Fiderepaßhütte, 2078 m, rechts etwas weiter und wesentlich steiler zur Mindelheimer Hütte, 2036 m. Wir wollen möglichst während der Woche in einer der Hütten übernachten. Am Wochenende sind die beiden Hütten, bedingt durch den Klettersteig, sehr gut besucht. Von der Mindelheimer Hütte gehen wir nun das kurze Stück zurück zum Kemptner Köpfle, 2192 m, mit etwas Vorsicht gehen wir den grasbewachsenen Grat hinüber zum Südlichen Schafalpkopf, 2273 m.

Dann beginnen die Schwierigkeiten. Durch eine steile, drahtseilgesicherte Rinne und auf Eisenbügeln klettern wir hoch. Teilweise sehr ausgesetzt geht's nun weiter, senkrechte Leitern und Eisenstifte, dann wieder kurze leichte Stellen, bis wir den Mittleren Schafalpkopf, 2301 m, erreichen. Sehr steil und luftig der Abstieg und Wiederanstieg zum Nördlichen Schafalpkopf, 2321 m. Notabstieg nur an bezeichneter Stelle und nur zum Taufersbergsteig und nie in Richtung Wildental. Einmal klettern wir auf Eisenbügeln sogar einige Meter senkrecht 25 m die Wand hinauf. Eine Scharte wird auf einer umgelegten Leiter recht luftig überwunden. Später nochmals eine kleine Brücke, dann der

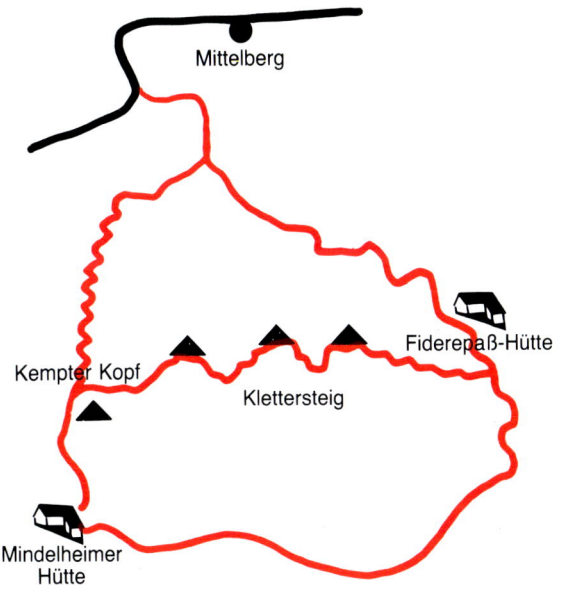

Mittelberg

Fiderepaß-Hütte

Kempter Kopf

Klettersteig

Mindelheimer
Hütte

Abstieg, zuletzt über eine 9 m hohe Leiter und schließlich stehen
wir am Sattel und brauchen nur noch zur Fiderepaßhütte hin-
unterlaufen. Von der DAV-Hütte können wir nun wieder absteigen und in das Wildental hinunterwandern. Wenn wir zurück-
schauen, sehen wir über uns die drei Schafalpköpfe, über die wir
vor einigen Stunden geklettert sind. Zwischen den beiden Hütten gibt es auch einen normalen, leichten Bergweg, auf dem
weniger Geübte auf der Südseite unter den Schafalpköpfen in
2½ Std. entlanggehen können, was wir bei unsicherem Wetter
natürlich auch machen werden. Niemals dürfen wir am Klettersteig in ein Gewitter geraten.

Übersichtskarte Allgäuer Alpen

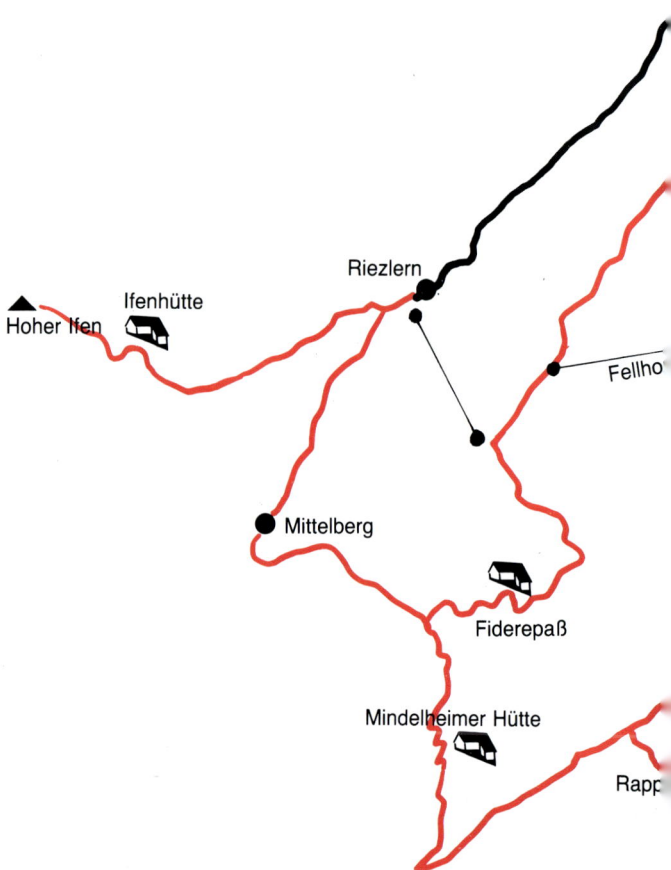

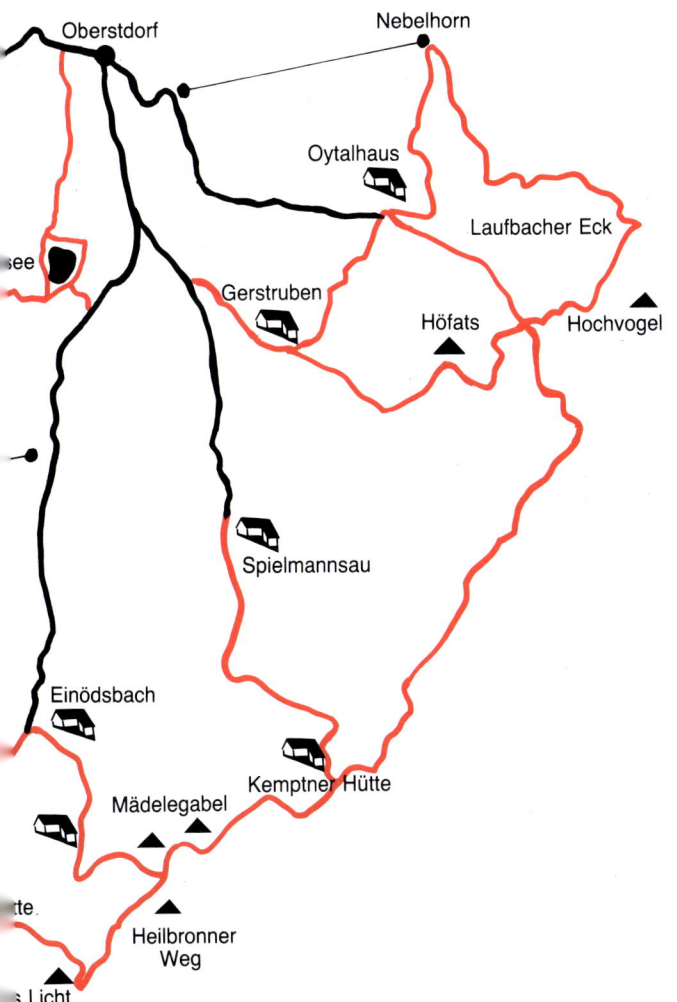

Oberstdorf

Nebelhorn

Oytalhaus

Laufbacher Eck

see

Gerstruben

Höfats

Hochvogel

Spielmannsau

Einödsbach

Kemptner Hütte

Mädelegabel

tte

Heilbronner
Weg

s Licht

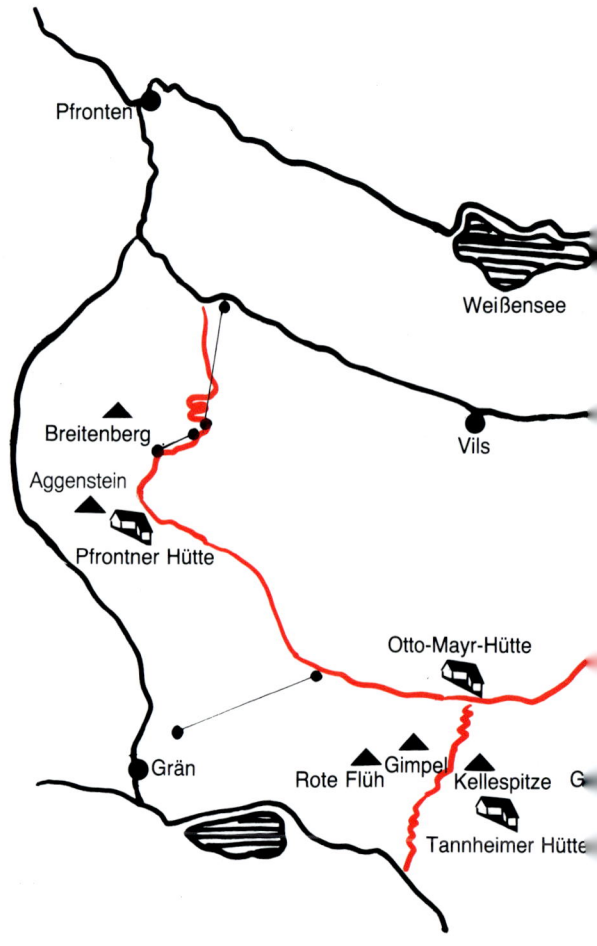

Pfronten

Weißensee

Breitenberg

Aggenstein

Pfrontner Hütte

Vils

Otto-Mayr-Hütte

Grän

Rote Flüh

Gimpel

Kellespitze G

Tannheimer Hütte

Übersichtskarte Ostallgäu und Tannheimer Berge

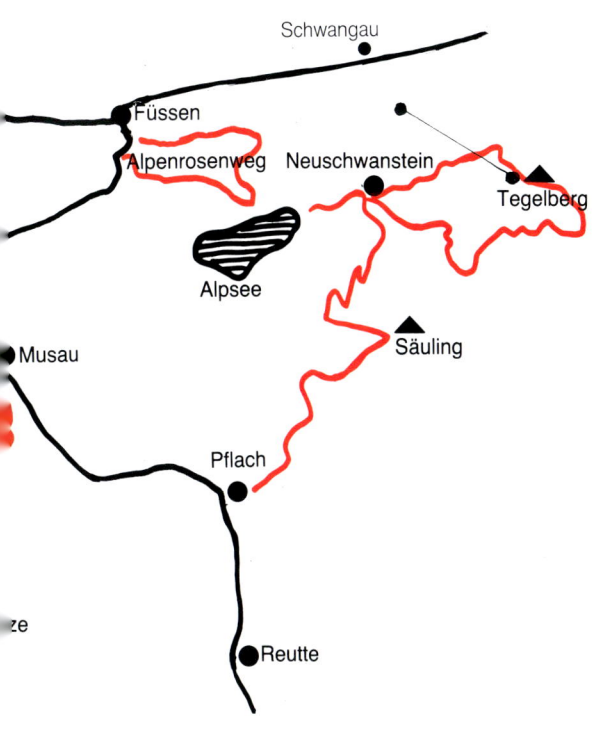

Schwangau

Füssen

Alpenrosenweg

Neuschwanstein

Tegelberg

Alpsee

Musau

Säuling

Pflach

ze

Reutte

Übersichtskarte Tannheimer Berge

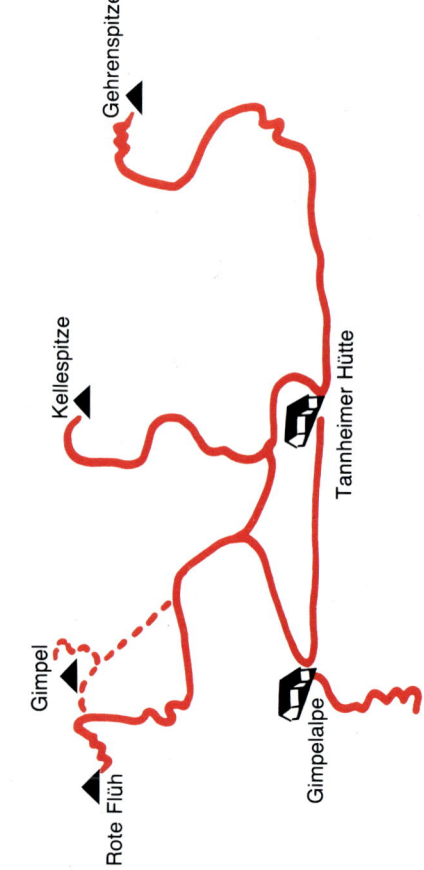

Gehrenspitze

Kellespitze

Tannheimer Hütte

Gimpel

Rote Flüh

Gimpelalpe

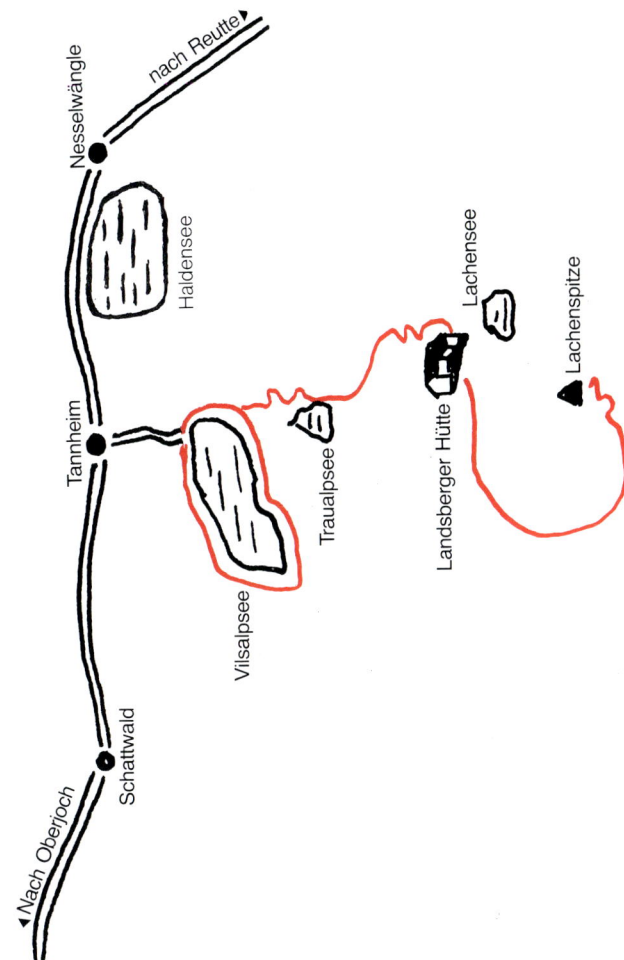

Übersichtskarte Tannheimer Tal – Vilsalpsee

nach Reutte▶

Nesselwängle

Haldensee

Tannheim

Vilsalpsee

Traualpsee

Landsberger Hütte

Lachensee

Lachenspitze

Schattwald

▶Nach Oberjoch

Übersichtskarte Allgäu

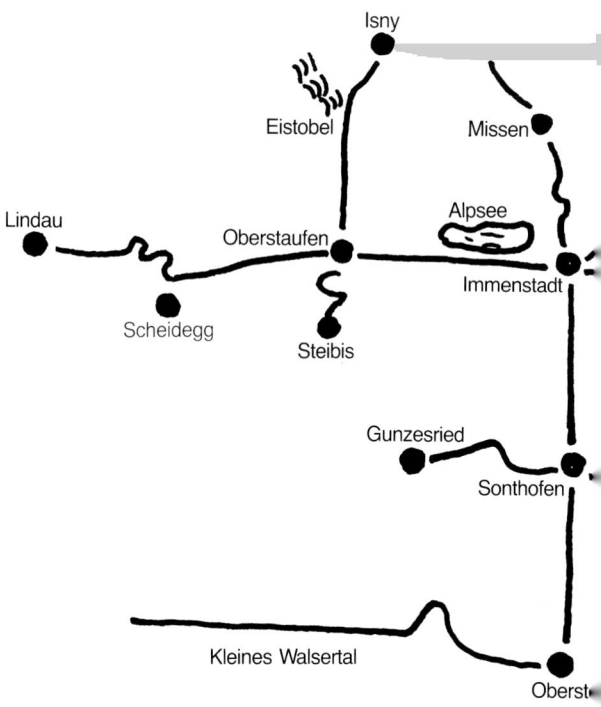

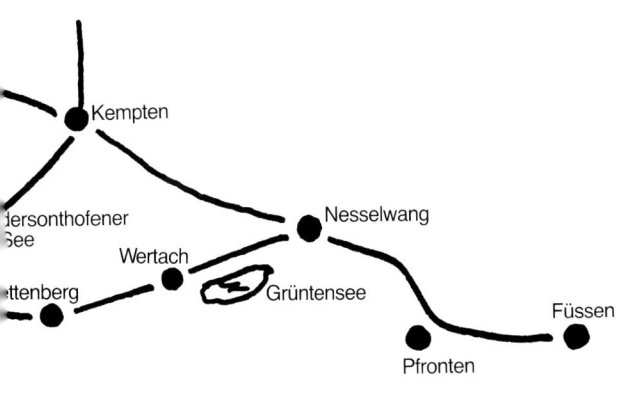

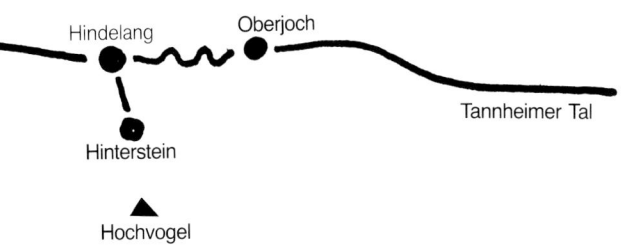